W0012496

Karlheinz Jacobi

Ziergehölze

Die Deutsche Bibliothek –
CIP-Einheitsaufnahme
Ein Titeldatensatz für diese Publikation ist bei
Der Deutschen Bibliothek erhältlich.

Bildnachweis:

Apel 11 r, 44, 68
Bender 2/3, 22, 29, 43, 45 o, 96/97
CMA 3, 48, 62/63, 78/79, 80, 81
Felbinger 2 r, 4/5, 9, 10 u, 13, 14, 19, 20 r,
21, 24/25, 26/27, 32/33, 33, 34, 36/37,
45 u, 51, 52, 55, 56, 61, 64/65, 74, 75, 76,
82/83, 84, 85, 86/87, 95
Gardena 77
Jacobi 20 l
Laux 35, 37, 39
Morell 10 o, 26, 28, 46, 47, 59, 91
Reinhard 2 l, 11 l, 30/31, 42, 49, 50/51,
56/57, 58, 66, 67, 69, 70, 70/71, 88/89, 92
Sammer 8/9, 16, 72/73, 97, 98
Seidl 15, 23, 40/41
Stehling 6/7, 12/13, 17, 18, 38, 53, 54, 60

2. Auflage, Sonderausgabe

© 2002 BLV Verlagsgesellschaft mbH,
München

Das Werk einschließlich aller seiner Teile ist
urheberrechtlich geschützt. Jede Verwertung
außerhalb der engen Grenzen des Urheber-
rechtsgesetzes ist ohne Zustimmung des Ver-
lags unzulässig und strafbar. Das gilt insbeson-
dere für Vervielfältigungen, Übersetzungen,
Mikroverfilmungen und die Einspeicherung
und Verarbeitung in elektronischen Systemen.

Umschlaggestaltung: Studio Schübel, München
Umschlagfoto: Reinhard Tierfoto

Druck: J. P. Himmer, Augsburg
Bindung: Conzella Urban Meister, Pfarrkirchen

Gedruckt auf chlorfrei gebleichtem Papier

Printed in Germany · ISBN 3-405-16293-9

INHALTSÜBERSICHT

6 **Einführung**

Ziergehölze schön
und nützlich _____ 6

8 **Dekorative
Ziergehölze**

Besonders schön
blühende Bäume und
große Sträucher _____ 8
Ziergehölze, die
besonders lange
blühen _____ 12
Ziergehölze mit
duftenden Blüten ___ 16
Ziergehölze mit
bunten Blättern ___ 24
Ziergehölze, die nur
Früchte ansetzen,
wenn weibliche und
männliche Pflanzen
zusammen stehen ___ 30

32 **Ziergehölze
für jeden Zweck**

Ziergehölze, die im
Schatten wachsen ___ 32
Ziergehölze, die
schnell wachsen _____ 44
Ziergehölze, die den
Boden bedecken, ihn
feucht halten und
kein Unkraut auf-
kommen lassen ____ 50
Ziergehölze für un-
geschnittene und
locker wachsende
Blütenhecken _____ 54
Nadelgehölze, die wie
Säulen wachsen _____ 60
Nadelgehölze für
Balkonkästen und
andere kleine
Pflanzgefäße _____ 62

64 **Klettergehölze**

Klettergehölze im
Portrait _____ 64

72 **Hecken**

Die schönsten
Hecken _____ 72

78 **Gestaltung**

Vorgartengestaltung
mit Ziergehölzen ___ 78

82 **1 × 1 der Pflege**

Bodenvorbereitung
und Pflanzung _____ 82
Bewässerung _____ 86
Düngung _____ 86
Schnittmaßnahmen _ 88

92 **Vermehrung**

Ziergehölze
vermehren _____ 92

96 **Pflanzenschutz**

Krankheiten und
Schädlinge _____ 96

99 **Register**

Ziergehölze schön und nützlich

Sträucher und Bäume geben dem Garten Profil und Halt. So ist ein Garten ohne Baum wie ein Haus ohne Dach. Der Baum ist unbestrittener Mittelpunkt, um den sich das ganze Gartenleben dreht. Deshalb sind Bäume auch Einzelgänger, müssen alleine stehen, ohne die einengende Nachbarschaft anderer hochwachsender Gehölze. Der Stamm soll zu sehen sein, denn er ist Ausdruck seiner Kraft und Stärke.

Die Ziersträucher spielen deswegen aber keineswegs Statistenrollen, sondern erfüllen vierlerlei Gartenaufgaben. Immergrüne und laubabwerfende Gehölze setzen als geschnittene oder freiwachsende Hecken den Garten in einen grünen oder blühenden Rahmen; Sträucher mit Beerenschmuck im Herbst oder mit Dornen bieten den Singvögeln Nahrung und Schutz. Dann gibt es Gehölze, auf die Bienen und Schmetterlinge fliegen, niedrig wachsende Sträucher, die den Boden bedecken und ihn vor dem Austrocknen und unerwünschten Wildkräutern bewahren. Spezialisten stehen zur Verfügung für Stein- und Heidegärten, für Balkonkästen und Pflanzkübel. Noch viel zu wenig bekannt ist, daß eine große Anzahl, vor allem immergrüner Gehölze, im Schatten gedeihen und wie beispielsweise die Rhododendren wunderschön blühen.

Ihnen wurde, da unsere Gärten immer mehr zuwachsen und sonnenliebende Gewächse kaum noch Chancen haben, in diesem Buch breiter Raum gewidmet, genauso wie den Blütenbäumen und den Ziergehölzen, die besonders lange blühen. Denn das ist es, was wir erwarten, eine lang anhaltende Blütenpracht in Sonne wie im Schatten. Eine willkommene Zugabe: Gehölze mit duftenden Blüten.

Man sollte auch die Sträucher und Bäume kennen, die schnell wachsen und die nur Früchte ansetzen, wenn zwei Pflanzen verschiedenen Geschlechts nebeneinander stehen. Beachtung finden auch Nadelgehölze, die wie Säulen wachsen oder jene Koniferen, die in Balkonkästen passen. Mit das Schönste, was das Reich der Ziergehölze zu bieten hat, sind Klettergehölze, die baumartig Pergolen und Klettergerüste beranken und wie senkrechte Blumenbeete Hauswände begrünen und mit ihren Blüten schmücken.

Ein gelungenes Beispiel: Die Ziergehölze bilden den grünen Rahmen des Gartens.

Besonders schön blühende Bäume und große Sträucher

Blühende Bäume bilden den Mittelpunkt des Gartens und sollten dementsprechend gepflanzt werden: allein für sich, ohne die einengende Nachbarschaft anderer Gehölze.

Trompetenbaum
Catalpa bignonioides
10–15 m hoher Baum mit schönen Blütenrispen und interessanten Früchten. Nur für große Gärten. Erheblich kleiner ist *C. bignonioides 'Nana'*.
Blüte/Frucht: Juni–Juli, zahlreiche weiße Blütenrispen. Ab September 40 cm lange, braune Früchte (»Zigarrenbaum«).
Standort: Sonnig, verträgt keine Trockenheit.
Pflege: Wenig schneiden, am besten nur bei Frostschäden.

Weißdorn-Arten
Crataegus
Die Verwendung von Dorn-Arten im Garten ist strittig. Zum einen sind sie mit ihrem reichen Blütenflor und ihren großen Früchten eine Zierde und gute Vogelnährgehölze. Außerdem bieten sie, als Hecken verwendet, Schutz vor unerwünschten Eindringlingen und den nützlichen Kleintieren wie Igeln oder Spitzmäusen sichern Unterschlupf. Andererseits richten sich in ihren Zweigen zahlreiche Schädlinge in allen Formen und Lebensstadien häuslich ein.

Weißdorn-Arten werden auch von Feuerbrand befallen. Man kommt also um eine Schädlingsbekämpfung wie beim Obstbau nicht herum.
Wer trotzdem Dorn-Artpflanzen will, halte sich an diese Arten und Sorten:

Apfeldorn
C. 'Carrierei'
5–7 m hoher Baum mit langen Dornen, weißlich-rosa Blüten und hellroten, großen Früchten.

Scharlachdorn
C. coccinea (C. pedicellata),
5–7 m hoher Großstrauch mit weißlichen bis rosa Doldenrispen im Mai und auffallenden dunkelroten Früchten.

Glanz-Dorn
C. × prunifolia
6–7 m hoher Großstrauch, mit weißen Doldenrispen und vielen dunkelroten Früchten.
Standort: Sonnig bis halbschattig.
Pflege: Schnitt nach Bedarf. Verjüngungsschnitt möglich. Niemals kugelförmig schneiden!

Goldregen
Laburnum anagyroides
Baumartig wachsender, bis 5 m hoher Großstrauch.

Der Goldregen wirkt freistehend besonders schön.

Blüte/Frucht: Mai–Juni, gelbe Schmetterlingsblüten in lang herabhängenden Trauben. Bei der Sorte 'Vossii' sind die Blütentrauben doppelt so groß, das Gelb noch leuchtender; Fruchthülsen sind giftig! Sofort abschneiden.

Standort: Vollsonnig bis halbschattig.

Pflege: Schnitt unnötig. Verträgt keinen radikalen Verjüngungsschnitt!

Magnolie, Magnolia

Ein Blütenbaum der Spitzenklasse und bester Garteneignung, wenn Platz für Einzelstellung vorhanden ist. Bis 5 m hoch.

Wird noch viel zu wenig gepflanzt: Die Sternmagnolie (Magnolia stellata).

Tulpenmagnolie
M. × soulangiana
5 m hoch. Für sie muß im Garten extra Platz gemacht werden!

Blüte: April, vor dem Blattaustrieb rosa, aufrecht, wie große, aufrechtstehende Glocken (»Tulpen«).

Standort: Sonnig bis sonnenabgewandt.

Pflege: Möglichst nicht schneiden, allerdings wird radikaler Rückschnitt vertragen.

Purpur-Magnolie
M. liliiflora 'Nigra'
3–4 m hoch, aufrecht und langsam wachsend.

Blüte: April, später als *M. × soulangiana*, dunkelrot, innen rosafarben.

Standort und Pflege:
Wie *M. × soulangiana*.

9

Traumhaft:
die Blüten der
Tulpenmagnolie.

Blauglockenbaum

Paulownia tomentosa
Mittelgroßer, im Alter 10–15 m
hoher Baum, für Einzelstellung
in größeren Gärten.
<u>Blüte:</u> Hellblaue Glockenblu-
men, in aufrechten, 30 cm langen Rispen, Mai.
<u>Standort:</u> Sonnig bis halbschat-
tig, kalkliebend.
<u>Pflege:</u> Junge Pflanzen vertra-
gen Rückschnitt, ältere weniger.

Zieräpfel, Malus

Die Zieräpfel haben zweierlei zu
bieten: Von Mai bis Juni die Farbenpracht ihrer Blüten und im
Herbst zierliche Fruchtäpfelchen. Die Blüten sind einfach
oder gefüllt, weiß, rosa, orange
oder purpurrot, gelbrot oder
weinrot. Die verschiedenen Sorten werden als Hochstamm (4–
10 m) oder als Büsche angeboten, die besonders zu empfehlen sind.
<u>Standort:</u> Vollsonnig bis sonnen-
abgewandt.
<u>Pflege:</u> Nur Auslichtungsschnitt
im Nachwinter.
<u>Zu empfehlende Sorten:</u>
'Charlottae', Blüte Ende Mai,
zartrosa, Veilchenduft, grün-
gelbe Früchte, als Busch erhältlich; 'Eleyi', Blüte Mai, dunkel-
purpur, Früchte in gleicher
Farbe, als Busch erhältlich; *M.
floribunda*, Blüte im Mai, zartrosa, gelbe, sonnenseits gerö-
tete, langhaftende Früchte,
reichtragend, als Busch und
Hochstamm lieferbar; 'Hillieri',
Blüte Ende Mai, hellrosa, halbgefüllt, reichblühend, gelb-oran-
gefarbene Früchte, lange haftend, erhältlich als Busch; 'Profusion', Blüte Ende Mai, weinrot,
später verblassend, reichblühend, Früchte karminrot, als
Busch erhältlich; 'Prof. Spren-

ger', Blüte im Mai, zartrosa,
dann weiß, orangefarbene
Früchte, lange haftend, Busch
oder Hochstamm; 'Royalty',
Ende Mai, karminrot, dunkelrote
Früchte, Busch, Hochstamm.

Die Säulen-Zierkirsche, *Prunus*
'Amagonawa', paßt auch in
kleinere Gärten.

Bleibt hübsch niedrig: die rote Zwergmandel (*Prunus tenella*).

Blütenpracht der Extraklasse: Zierkirschen in herrlich rosa Farbtönen.

Zierkirschen

Prunus-Arten und Sorten Blütenbäume oder Sträucher von unterschiedlichem Wachstum und auffallend üppigem Blütenflor.

Blüte: Sortenunterschiedlich, März/April, April/Mai, Mai/Juni, Spätherbst bis April ('Autumnalis'), weiße, vor allem rosa und rote Farbnuancen.

Standort: Sonnig bis sonnenabgewandt. Boden soll tiefgründig und wasserdurchlässig sein.

Pflege: Schnitt möglichst vermeiden, um Gummifluß vorzubeugen. Nur kranke oder zu groß gewordene Äste kurz vor dem Laubfall aussägen.

Zu empfehlende Sorten: 'Accolade', 3–4 m hoch, April, rosa-rot, leicht gefüllt; 'Amanogawa', Säulen-Baum, 4–5 m hoch. April–Mai, hellrosa, leicht gefüllt; 'Autumnalis', schmal aufrecht wachsend, 4–5 m hoch, Spätherbst-April, weiß, halbgefüllt, auffallend!; 'Fukubana', breiter Baum, 4–6 m hoch, April, dunkelrosa, später hellrosa; 'Kanzan', kleiner Baum oder Großstrauch, 7–10 m hoch, April, dunkelrosa, dicht gefüllt, wunderschön!; 'Shidare-Sakura', kleiner Baum mit bis zum Boden hängenden Zweigen, 3–5 m hoch, April–Mai, rosa, dicht gefüllt.

Blutpflaume

Prunus cerasifera 'Nigra'. Kleiner, bis 5 m hoher Baum mit überhängenden Zweigen und schwarz-roten Blättern.

Blüte/Frucht: Rosa-rot, ab April, Früchte eßbar.

Standort: Sonnig bis halbschattig.

Pflege: Rückschnitt möglich, aber nicht nötig.

Rote Zwerg-Mandel

P. tenella
Breitbuschig wachsender, 80–100 cm hoher Strauch.

Blüte: Rot, einfach, dicht an dicht an vorjährigen Trieben, April/Mai.

Standort: Sonnig, hell, kalkliebend, humusreicher Boden erwünscht.

Pflege: Rückschnitt der Blütentriebe sofort nach der Blüte.

Mandelbäumchen

P. triloba
Strauch oder als Hochstämmchen gezogene Ziermandel. Einer der schönsten Frühlingsblüher.

Blüte: Rosa, dicht gefüllt, Ende April.

Standort: Sonnig, hell, kalkverträglich, für Einzelstellung.

Pflege: Wie *P. tenella*.

11

Ziergehölze, die besonders lange blühen

Heidekraut, Besenheide
Calluna vulgaris-Kultursorten
Von der sommerblühenden
Heide sind die Kultursorten
interessant, die je nach Sorte

Diesen Gehölzen gilt unser
besonderes Interesse, weil sie
lange blühen. Was sie außerdem so wertvoll macht: Es sind
fast ausschließlich Sommer-und
Herbstblüher. Der Winter-
Schneeball entfaltet seine Blüten sogar erst am Jahresende.

Schmetterlingsstrauch
Buddleia davidii-Hybriden
Umschwärmt von Tag- und
Nachtfaltern gehören diese je
nach Sorte 2–3 m hohen Sträucher in jeden Garten. Es gibt
mehrere Sorten mit wunderschönen Blüten in vielen Farben.
<u>Blüte:</u> Je nach Sorte von Juli
bis Oktober, duftend.
<u>Standort:</u> Sonnig bis sonnenab-
gewandt.
<u>Pflege:</u> Im Herbst die weichen
Triebspitzen einkürzen, im Frühjahr alle letztjährigen Triebe tief
zurückschneiden.

Hänge-Buddleie
B. alternifolia
Bis 3 m hoch, mit bogig überhängenden Zweigen, sehr
schön, braucht Platz.
<u>Blüte:</u> Juni, purpurlila.
<u>Standort:</u> Sonnig bis halbschat-
tig.
<u>Pflege:</u> Nicht schneiden.

Schmetterlingsstrauch (**Buddleia
davidii**-Hybriden).

20–60 cm hoch werden, und im August–September blühen. Bei 'Annemarie', 'H.E. Beale' und 'Peter Sparkes' erscheinen die Blüten im September–Oktober. Die Sorte 'Aurea' hat gelbe, im Winter bronzefarbene Blätter und 'Goldhaze' ganzjährig gelbe.
Standort: Sonnig bis halbschattig. Kein Kalk!
Pflege: Alle zwei Jahre leicht zurückschneiden.

Bartblume

Caryopteris 'Heavenly Blue'
60–80 cm hoher Zwergstrauch mit locker abstehenden Trieben.
Blüte: August–Oktober, blau, in langen Rispen, wertvoller Sommerblüher.
Standort: Vollsonnig bis sonnenabgewandt.
Pflege: Schnitt beliebig. Blühen nach Rückschnitt im gleichen Jahr.

Säckelblume

Ceanothus-Hybriden
Bis 1,5 m hoher, zierlicher Strauch, wertvoller Sommerblüher.
Blüte: Juli bis Frosteintritt, in langen, je nach Sorte dunkelblauen oder rosafarbenen Rispen.
Standort: Vollsonnig bis sonnenabgewandt.
Pflege: Rückschnitt im Frühjahr erforderlich.

Heide, Schneeheide

Erica carnea-Hybriden
Niedriger, meist nur 20 cm hoher, teppichbildender, immergrüner Kleinstrauch. Sortenunterschiedliche Blütezeit und Blütenfarbe.

Sorten: 'Alba', weiß, Januar–April, 25 cm; 'Atrorubra', karminrot, März–Mai, 20 cm;

Heidekräuter *(Calluna)* für Beete und Pflanzgefäße.

'Myretoun Ruby', leuchtend-rot, März–Mai, 15 cm; 'Snow Queen', reinweiß, Januar–April, 20 cm; 'Vivellii', violettrot, März–April, 20 cm; 'Winter Beauty', rosarot, Dezember–März, 15–20 cm.
Standort: Sonnig, sonnenabgewandt.
Pflege: Nach der Blüte leicht zurückschneiden. Kalkliebend und -verträglich.

Mitsommer-Heide

Erica vagans 'Mrs. D. F. Maxwell'
Höher als *E. carnea*, 30–50 cm, immergrün.
Blüte: Juli–September, kirschrosa.
Standort: Sonnig, sonnenabgewandt.
Pflege: Nach der Blüte leicht zurückschneiden.

Blüht in Eis und Schnee:
die Zaubernuß (*Hamamelis*).

Hibiskus, Eibisch

Hibiscus syriacus-Hybriden
1,5–2 m hoch, wertvoller Spätsommerblüher, straff aufrecht wachsend.
Blüte: Ende Juli bis zum Frost, einfach- oder gefülltblühend. Die gefüllten Sorten nur für Weinbauklima geeignet. Eine Sortenauswahl: 'Coelestis', blauviolett; 'Hamabo', zartrosa, rötliche Streifen; 'Pink Giant', reinrosa; 'Red Heart', weiß, rote Mitte; 'Totus Albus', reinweiß; 'Woodbridge', tiefrot, dunkle Mitte.
Standort: Prallsonne bis absonnig, verträgt keine Trockenheit, Frostschutz!
Pflege: Letztjährige Triebe regelmäßig vor dem Austrieb tief zurückschneiden.

Winterjasmin

Jasminum nudiflorum
Bis 2 m hoher Spreizklimmer mit schlanken, grünen Ruten, die an Gerüste angebunden werden müssen. Können auch von Mauerkronen herabhängen.
Tip: zwischen blattlose Sträucher pflanzen, die dem Jasmin Halt geben.
Blüte: Gelb, primelartig, erscheinen oft schon um Weihnachten, sonst Februar bis April.
Standort: Kalkliebend, auch für magere Böden. Anspruchslos.
Pflege: Auslichten, falls sie zu sehr durcheinander wachsen. Vertragen auch stärkeren Rückschnitt.

Zaubernuß

Hamamelis-Hybriden
Hübscher Winterblüher, vor allem dessen großblumige Hybriden eignen sich für den Garten. Die schönsten Sorten sind 'Diane', rot-hellrot; 'Feuerzauber', bronzerot; 'Jelena', kräftig-orange (blüht schon im Dezember); 'Pallida', hellgelb (Dezember), 'Rubi Glow', hellrot; 'Westerstede', hellgelb (Februar–März). Die Hybriden werden 3 m hoch, wachsen langsam und bizarr. Die kleinblütige Zaubernuß, *H. japonica*, und die Lichtmeß-Zaubernuß, *H. mollis*, die nur 2 m hoch wird, blühen von Februar–April. Die Blüten sind von gelber (*H. japonica*) und goldgelber (*H. mollis*) Farbe. Allen gemeinsam ist aber eine sehenswerte Herbstfärbung der Blätter.
Standort: Sonnig bis sonnenabgewandt.
Pflege: Verjüngungsschnitt ist möglich.

Blauraute
Perovskia abrotanoides
Graulaubiger, etwa 1 m hoher Halbstrauch, wegen seiner späten Blütezeit interessant.
Blüte: Lila Ährenblüten ab August.
Standort: Sonnig, hell, gedeiht auf jedem Boden. Friert oft im Winter zurück, treibt aber wieder durch.
Pflege: Wenn nicht zurückgefroren, im Nachwinter über dem Boden zurückschneiden.

Fingerstrauch
Potentilla fruticosa-Sorten
Dichtbuschige, kleine, je nach Sorte 40–150 cm hohe Sträucher.
Blüte: Unaufhörlich von Juli bis Oktober. Blüht sofort nach der Pflanzung.
Standort: Sonnig bis halbschattig, robust, nur empfindlich gegenüber Hitze und Trockenheit. Kein Kalk!
Pflege: Regelmäßiges Auslichten und Rückschnitt nötig, fördert Blühwilligkeit.
Besonders empfehlenswert:
P. 'Arbuscula', 60–80 cm hoch, Juni–September, hellgelbe Blüten; 'Farreri', 60–100 cm, dunkelgelb, Juni–September; 'Goldfinger', 100–200 cm, zitronengelb, Juni–August; 'Hachmanns Gigant', 50–70 cm, goldgelb, Juni–September; 'Klondike', 100–120 cm, hellgelb, Juni–August; 'Red Ace', 40–60 cm, innen rötlich, außen gelb, Juni–Juli.

Blütenübersät sind die bis zu 3 m hohen Weigelien.

Zierkirsche
Prunus autumnalis
Kleiner Baum oder Großstrauch mit sehr feinen Trieben, 4–5 m hoch. Wertvoller Winterblüher. Gelb-orange, sehr dekorative Herbstfärbung.
Blüte: Spätherbst bis April, weiß, halbgefüllt, auffallend.
Standort: Sonnig bis halbschattig. Staunässe vermeiden.
Pflege: Schnitt möglichst vermeiden. Nur kranke und trockene Äste kurz vor dem Laubfall aussägen.

Winter-Schneeball
Viburnum 'Dawn'
2 m, locker aufrecht wachsend.
Blüte: Oktober–März, tiefrosa, später heller, duftend.

Standort: Sonnig, aber keine Prallsonne, auch sonnenabgewandt und halbschattig.
Pflege: Möglichst nicht schneiden.

Weigelie
Weigela-Hybriden
Bei den Weigelien stehen die Hybriden wegen ihrer prächtigen Blüten im Vordergrund. Die breitbuschigen Sträucher werden 1–3 m hoch.
Sorten: 'Bristol Ruby', karminrot, Mai–Juni; 'Eva Rathke', karminrot, Juni–August; 'Newport Red', tiefrot, Juni–Juli; 'Styriaca', karminrosa, Mai–Juni.
Standort: Sonnig bis halbschattig.
Pflege: Alle 2–3 Jahre auslichten.

Ziergehölze mit duftenden Blüten

Es gibt Gehölze, die paradiesisch duften: Die Rosen natürlich und der Gartenjasmin, aber auch noch einige andere, deren Duft eigentlich noch unentdeckt geblieben ist, vielleicht, weil man sich zu den Blüten herabbücken muß. Denn manche Blüten verströmen ihren Duft, andere bewahren ihn. Das bedeutet: Man muß die Nase nahe dran halten.

Schmetterlingsstrauch

Buddleia davidii-Hybriden
Umschwärmt von Tag- und Nachtfaltern gehören diese, je nach Sorte 2–3 m hohen Sträucher in jeden Garten. Es gibt mehrere Sorten mit wunderschönen Blüten in vielen Farben.
<u>Blüte:</u> Je nach Sorte von Juli bis Oktober. Duftend.
<u>Standort:</u> Sonnig bis sonnenabgewandt.
<u>Pflege:</u> Im Herbst die weichen Triebspitzen einkürzen, im Frühjahr alle letztjährigen Triebe tief zurückschneiden.

Gewürzstrauch

Calycanthus floridus
2 m hoher, breitbuschiger Strauch mit nach Gewürznelken riechender Rinde.
<u>Blüte:</u> Juni–Juli, dunkelrot, groß, stark duftend, aber hinter den Blättern versteckt.
<u>Standort:</u> Vollsonnig bis halbschattig.
<u>Pflege:</u> Nur allmählich auslichten.

Scheinhasel

Corylopsis pauciflora
1 m hoher, zierlicher und edler Frühlingsblüher.
<u>Blüte:</u> März/April, gelb, über den ganzen Strauch verteilt, in Trauben.
<u>Standort:</u> Absonnig bis halbschattig.
<u>Pflege:</u> Jeder Schnitt ist Sünde!

Von Faltern umschwärmt: die duftenden Blüten der Schmetterlingssträucher.

16

Geißklee (Ginster)

Cytisus

Stein- und Heidegärten, Rabatten und sonnige Vorgärten sind in den Frühjahrswochen vom Blütenduft der Geißkleearten erfüllt. Es gibt kleinwüchsige Sträucher und hochwachsende Arten, die im Frühling das Gesicht ganzer Gartenräume bestimmen.

Niedrige Ginster-Arten
Kriechginster

C. × beanii

30 cm hoch, 80 cm breit, tiefgelbe Blüten im Mai.

Kissen-Ginster

C. decumbens

20 cm hoch, 60 cm breit, bodenbedeckend, gelbe Blüten von Mai–Juli.

Niedriger Elfenbein-Ginster

C. × kewensis

30–50 cm hoch, breitwüchsig, weiß-gelbe Blüten ab Mai.

Purpur-Ginster

C. purpureus

40–60 cm hoch, bis 80 cm breit, purpurrot bis rosa Blüten von Juni–Juli.

Hochwachsende Ginster
Besen-Ginster

C. scoparius

1–2 m hoch, breitwachsend. Blüte: Mai–Juni, dottergelb, stark duftend.

Edel-Ginster

Cytisus-Hybriden

1–2 m hoch, je nach Sorte mit überhängenden, locker oder

Wer schöne Düfte liebt, sollte Edel-Ginster-Sorten pflanzen.

straff aufrechten Trieben, dicht buschig wachsend. Blüte: Blütezeit sortenunterschiedlich, reiches Farbenspiel. Zu empfehlende Sorten: 'Allgold', goldgelb, früh; 'Hollandia', purpurrot und gelb, früh; 'Burkwoodii', karminrot, spät; 'Dragonfly', gelb mit rot, früh; 'Luna', hellgelb und dunkelgelb, spät; 'Red Favorite', rot, spät; die anderen Sorten sind ähnlich in Farbe und Wuchs. Standort: Sonnig bis sonnenabgewandt.

17

Nur 50 cm hoch wird der Purpur-Ginster (Cytisus purpureus).

Pflege: Nach dem Pflanzen gut angießen. Von *C. scoparius* und den Hybriden jährlich einen Teil der abgeblühten Triebe zurückschneiden. Bei den »Zwergen« ist kein Schnitt nötig.

Seidelbast
Daphne mezereum
Schönheit und Gift sind die Markenzeichen dieser kleinen Sträucher, die sich durch frühes Blühen auszeichnen und deshalb von Bienen gern angeflo-

gen werden. Höhe 1 m.
Blüte/Frucht: März–April vor den Blättern, rot, stark duftend; *D. m.* 'Alba' hat weiße Blüten; der Maien-Seidelbast, *D. m.* 'Somerset', blüht von Mai–Juni mit weißen, duftenden Blüten. Die roten Früchte von *D. m.* 'Alba' sind sehr giftig, im Garten mit Kindern die Früchte entfernen, besser *D. m.* 'Somerset' pflanzen, der keine Früchte trägt.
Standort: Sonnig bis halbschattig.
Pflege: Nicht schneiden, sonst setzt die Blüte aus!

Rosmarinseidelbast
Daphne cneorum
20–50 cm hoher Zwergstrauch.
Blüte: April–Mai, karminrosa, süß duftend, sehr schön!
Standort: Sonnig, sonnenabgewandt.
Pflege: Nicht düngen! Nicht schneiden!

Zaubernuß
Hamamelis-Hybriden
Hübscher Winterblüher, vor allem dessen großblumige Hybriden. Die Hybriden werden 3 m hoch, wachsen langsam und bizarr.

Die kleinblütige Zaubernuß, *H. japonica*, und die Lichtmeß-Zaubernuß, *H. mollis*, die nur 2 m hoch wird, blühen von Februar–April. Die Blüten sind von gelber *(H. japonica)* und goldgelber *(H. mollis)* Farbe. Allen gemeinsam ist eine sehenswerte Herbstfärbung der Blätter.
Standort: Sonnig bis absonnig.
Pflege: Nicht zurückschneiden!

Goldregen
Laburnum anagyroides
Baumartig wachsender, bis 5 m hoher Großstrauch.
Blüte/Frucht: Mai–Juni, gelbe Schmetterlingsblüten in lang herabhängenden Trauben. Bei der Sorte 'Vossii' sind die Blütentrauben doppelt so groß, das Gelb noch leuchtender; Fruchthülsen sind giftig! Sofort abschneiden.
Standort: Vollsonnig bis halbschattig.
Pflege: Schnitt unnötig. Verträgt keinen radikalen Verjüngungsschnitt!

Jelängerjelieber
Lonicera caprifolium
Kräftig wachsendes, 3–5 m hohes Klettergehölz.
Blüte/Frucht: Reichblühend, von Mai–Juni, gelblich-weiß, außen gerötet. Korallenrote Beeren, giftig!
Standort: Feuchter, kalkhaltiger Boden und schattiger Platz.
Pflege: Verjüngungsschnitt zu empfehlen.

Feuer-Geißschlinge
Lonicera × *heckrottii*
Etwa 3–4 m hohes, sehr schönes Schlinggehölz.
Blüte/Frucht: Zuerst rot, später rot-gelb, reich- und langblühend von Juni bis Herbst. Stark duftend. Früchte giftig!
Standort/Pflege: Wie *L. caprifolium.*

Magnolie
Magnolia
Ein Blütenbaum der Spitzenklasse mit bester Eignung, wenn Platz für Einzelstellung vorhanden ist. Bis 5 m hoch.

Tulpenmagnolie
M. × *soulangiana*
5 m hoch.
Blüte: April, vor dem Blattaustrieb rosa, aufrecht, wie große Glocken (»Tulpen«).
Standort: Sonnig bis absonnig.
Pflege: Möglichst nicht schneiden, allerdings wird radikaler Rückschnitt vertragen.

Der Elfenbeinginster (Cytisus praecox) erfüllt mit seinem Duft den ganzen Garten.

Sie verdient mehr Beachtung: die Schmuck-Mahonie (*Mahonia beali*, links).

Anspruchslos und herrlich duftend: der Gartenjasmin (*Philadelphus*, rechts).

Mahonie
Mahonia aquifolium
Buschig wachsender, höchstens 2 m hoher Strauch mit immergrünen, dornig gezähnten Blättern, die sich im Winter purpur bis dunkelrot verfärben.
Blüte: April, gelb, stark duftend. Ab August hübsche runde, blaue Beeren.

Standort: Sonnig bis schattig. Sehr robust.
Pflege: Verträgt jeden Schnitt, deshalb auch für freiwachsende und niedrige Hecken geeignet.

Schmuck-Mahonie
Mahonia bealii
Aufrecht wachsender, 1–1,5 m hoher Strauch. Immergrüne, dornig gezähnte, längere Blätter. Wertvoll!
Blüte: Februar–April, auch früher, gelb, duftend. Von Juli–Herbst auffallende, blauschwarze Früchte.
Standort: Sonnig bis schattig.
Pflege: Schnitt möglich, sollte der Wuchsform wegen besser unterbleiben.

Zieräpfel
Malus
Die Zieräpfel haben zweierlei zu bieten: von Mai bis Juni die Farbenpracht ihrer Blüten und im Herbst zierliche Fruchtäpfelchen. Die Blüten sind einfach oder gefüllt, weiß, rosa, orange oder purpurrot, gelbrot oder weinrot. Besonders zu empfehlen ist die duftende Sorte 'Charlottae', Blüte Ende Mai, zartrosa, gelbe Früchte, als Busch erhältlich. Die verschiedenen Sorten werden auch als Hochstamm (4–10 m) oder als Büsche angeboten, die für unsere Gärten besonders zu empfehlen sind.
Standort: Vollsonnig bis sonnenabgewandt.

Pflege: Nur Auslichtungsschnitt im Nachwinter.

Pfingstrose

Paeonia-suffruticosa-Hybriden
Sparrig aufrechtwachsender, bis 1 m hoher Strauch mit wundervollen Blüten.
Blüte: Halbgefüllt bis gefüllt, in Weiß, Gelb, Rosa, Rot und Zwischentönen, Mai.
Standort: Sonnig, nahrhafter, humusreicher Boden, braucht einen warmen Platz, Winterschutz nötig!
Pflege: So tief pflanzen, daß sich die Veredlungsstelle im Boden befindet, kein Torf! Nicht schneiden!

Gartenjasmin, Pfeifenstrauch

Philadelphus
Blütenschöne, anspruchslose, je nach Art und Sorte 1–3 m hohe Sträucher.
Blüte: Weiß, einfach, halbgefüllt oder gefüllt, süß duftend, Mai–Juli.
Standort: Sonnig bis schattig (hier weniger blühfreudig), regelmäßig im Frühjahr düngen, sonst anspruchslos.
Pflege: Schnitt nach der Blüte, am besten auslichten bei älteren Sträuchern, Radikalschnitt möglich.
Zu empfehlende Sorten: *P. coronarius* einfache Blüten, 3 m, ideal für Hecken; 'Dame Blanche', herrliche, halbgefüllte Blüten; 'Erectus', einfache Blüten, 1,5–2 m; 'Girandole', gefüllte Blüten, blüht schon als junge Pflanze, 1–1,5 m; *P. inodorus* var. *grandiflorus*, einfache Blü-

ten, bis 4 m hoch; 'Schneesturm', gefüllte Blüten in dichten Trauben, Zweige elegant überhängend, 2–3 m hoch, sehr schön.

Schattenglöckchen

Pieris floribunda
1 m hoher Strauch mit aufrechtstehenden, weißen Blütenrispen von April bis Mai.
P. japonica, 2–3 m hoch, mit herabhängenden, weißen Blütenrispen, von März bis Mai. Dazu die Sorten 'Forest Flame', schwachwachsender als die Art mit weithin leuchtendem, rotbräunlichem Austrieb; 'Variega-

ta', 80–100 cm hoch, mit gelb bis weißlich gefleckten Blättern.
Standort: Sonnenabgewandt (ausgenommen 'Flame') bis halbschattig. Saurer Boden.
Pflege: Keine mineralische Düngung, sondern Hornmehl, Knochenmehl. Nicht schneiden.

Holunder

Sambucus nigra
5 m hoher Strauch, Vogelnährgehölz.
Blüte/Frucht: Große, weiße, duftende Blütentrauben. Blauschwarze Früchte von Juni–August. Genießbar als Saft oder gekocht.

Sorgt für Blütenhöhepunkte: die Strauchpfingstrose (*Paeonia suffruticosa*).

<u>Standort:</u> Sonnig bis halbschattig, humusreicher, nicht zu magerer Boden erwünscht.
<u>Pflege:</u> Verträgt auch radikalen Rückschnitt.

Großfrüchtiger Holunder
Sambucus canadensis 'Maxima'
3 bis 4 m hoher Strauch.
<u>Blüte:</u> Wie *S. nigra*, Früchte ab September, dunkelrot, eßbar.
<u>Standort/Pflege:</u> Wie *S. nigra*.

Edelflieder
Syringa vulgaris-Veredelungen
Sie werden als Büsche und Halbstämme und in mehreren einfachen oder gefülltblühenden Sorten angeboten.
<u>Blüte:</u> Mai, duftend.
<u>Einfache Sorten:</u> 'Andenken an Ludwig Späth', dunkelpurpurrot; 'Primrose', primelgelb.
<u>Gefüllte Sorten:</u> 'Charles Joly', purpurrosa mit hellen Blütenzipfeln; 'Katharina Havemeyer', lila bis purpurrosa, halb-dichtgefüllt; 'Michael Buchner', lila, weißes Auge; 'Mme. Lemoine:, reinweiß; 'Mrs. Edward Harding', purpurrot bis purpurrosa.
<u>Standort:</u> Sonnig, hell, auch sonnenabgewandt, nie im Halbschatten oder Schatten. Lockerer, humusreicher Boden erwünscht.
<u>Pflege:</u> Schnitt nach der Blüte, nur auslichten; unten kahl gewordene Sträucher stark zurückschneiden, vertragen Verjüngung.
Wer Platz hat sollte auch den lila-blühenden <u>Chinesischen Flieder</u>, *Syringa × chinensis,* oder die schwächer wachsende, tieflilarote Sorte 'Sangeana' pflanzen. Die Zweige des ab Mai blühenden, 2–3 m hohen, dichtbuschigen Strauches hängen elegant über.
<u>Standort:</u> Hell, keine pralle Sonne, empfindlich gegen Trokkenheit.
<u>Pflege:</u> Möglichst nicht schneiden. Radikaler Verjüngungsschnitt ist aber möglich. Alles Abgeblühte entfernen.

Dichte Büsche bildet der locker wachsende Chinesische Flieder (*Syringa chinensis*). Eine Kostbarkeit!

Edelflieder werden in mehreren Sorten als Büsche oder Halbstämme angeboten.

Schneeball
Viburnum
Eine formenreiche Gattung mit laubabwerfenden und immergrünen Arten, die im Winter, im Frühjahr und im Sommer blühen; die hier genannten mit herrlich duftenden Blüten.

Winterblüher:
Winter-Schneeball
Virbunum 'Dawn'
2–2,5 m, locker aufrecht wachsend.
Blüte: Oktober–März, tiefrosa, später heller, duftend.

Duft-Schneeball
V. fragrans
2–3 m hoch, locker verzweigt.
Blüte: Februar/März, oft schon im Dezember, rosa, duftend.

Frühlingsblüher:
Großblumiger Schneeball
V. × carlcephalum
2 m hoch, breitbuschig, für Zierstrauchhecken, Einzelstand.
Blüte: April–Mai, große weiße Dolden, duftend.

Wohlriechender Schneeball
V. carlesii
1 m hoher, breitbuschiger Strauch.
Blüte: April/Mai, rosa-weiß, stark duftend; die Sorte 'Aurora' mit dunkleren Blüten.

Blauregen, Glyzine
Wisteria sinensis
Starkwachsender Strauch mit tauartigen, bis zu 10 m langen Trieben. Besonders schön an der Hauswand und an Pergolen. Braucht Gerüst, Spanndraht oder eine andere Kletterhilfe. Achtung: Alle Pflanzenteile sind giftig!
Blüte: Hellblau, in 30 cm langen Trauben, von April bis Mai, zart duftend.
Standort: Sonnige, geschützte Lage erwünscht.
Pflege: Manche Pflanzen blühen erst nach Jahren. Blühen sie auch dann nicht, handelt es sich um einen Sämling, von denen man keine Blüte erwarten kann; deshalb ausgraben. Wichtig: Die langen, diesjährigen Seitentriebe kurz zurückschneiden (Blühholz), vorteilhaft gleich nach der Blüte.

Glyzinen eignen sich zum Beranken von Pergolen und Hauswänden. Man kann sie aber auch in den Ästen eines Goldregens klettern lassen. Die blauen Blütentrauben sehen im Kontrast zu dem Gelb des Goldregens sehr gut aus.

Ziergehölze mit bunten Blättern

Sie sorgen monatelang für Farbe, oft vom Austrieb bis zum Blattfall im Herbst, und sind als Farbgeber meist noch wertvoller als Blütengehölze. Am besten, man pflanzt beide, buntblättrige und blühende Sträucher und Bäume.

Weißliche und weißbunte Blätter

Eschenahorn
Acer negundo-Veredlungen
Schnell und locker wachsende, 5–7 m hohe Großsträucher in den Sorten 'Flamingo', anfangs hellrosa Rand, später hellweiß gefleckt; 'Variegatum', weißer oder gefleckter Rand, gelblichweiße Blüten von März–April, vor dem Austrieb der Blätter.
Standort: Sonnig bis halbschattig.
Pflege: Kein unnötiger Schnitt! Rückmutationen (Triebe mit grünen Blättern) abschneiden.

Weißbunter Hartriegel
Cornus alba 'Argenteomarginata'
2 m hoher Strauch, mit weißrandigen Blättern, in der Sonne starke Färbung, dunkelrote Rinde.
Standort: Sonnig bis halbschattig.
Pflege: Möglichst ungeschnitten lassen.

Immergrüne Kriechspindel
Euonymus fortunei 'Emerald Gaiety'
20 cm hoch kriechender, 1 m hoch kletternder Strauch mit weißen Blatträndern. Die Sorte 'Gracilis', mit silbrigem Rand wird 20 cm bzw. 150 cm hoch.
Standort: Sonnig bis halbschattig.
Pflege: Wachsen lassen, nicht schneiden.

Schattenglöckchen
Pieris floribunda 'Variegata'
Etwa 80–100 cm hoher Strauch mit aufrechtstehenden, weißen Blütenrispen von April bis Mai. Gelb bis weißlich gefleckte Blätter.
Standort: Sonnenabgewandt bis halbschattig. Unbedingt saurer Boden.
Pflege: Keine mineralische Düngung, sondern Hornmehl, Knochenmehl, Guano. Nicht schneiden.

Gelbliche und gelbbunte Blätter

Japanischer Goldahorn
Acer japonicum 'Aureum'
1,5 m hoher Strauch, Zwergform mit im Austrieb goldgelben, später grüngelb überhauchten Blättern. Nicht für sonnige Plätze geeignet.

Bringt fast das ganze Jahr Farbe in den Garten: der Eschenahorn (*Acer negundo* 'Aureovariegatum').

Standort: Halbschattig, pralle Sonne unbedingt vermeiden.
Pflege: Schnitt möglichst vermeiden.

Gelber Eschenahorn

Acer negundo 'Aureovariegatum'
Gelbgefleckte Blätter, 5–7 m hoch.
Standort: Sonnig bis halbschattig.

Pflege: Möglichst ungeschnitten lassen.

Heidekraut, Besenheide

Calluna vulgaris-Kultursorten
Von der sommerblühenden Heide sind die Kultursorten interessant, die je nach Sorte 20–60 cm hoch werden und von August–September blühen. Die Sorte 'Aurea' hat gelbe, im

Winter bronzefarbene Blätter und 'Goldhaze' ganzjährig gelbe.
Standort: Sonnig bis halbschattig. Kein Kalk!
Pflege: Alle zwei Jahre leicht zurückschneiden.

Gelbbunter Hartriegel

Cornus alba 'Spaethii'
1,5 m hoch, goldgelb gerandete Blätter, auch völlig gelb, Rinde bräunlichrot bis dunkelrot.

Gelbholz-Hartriegel

Cornus stolonifera 'Flaviramea'
2–3 m hoher Strauch, gelblichgrüne Blätter und gelblichgrüne Rinde.
Standort: Sonnig bis halbschattig.
Pflege: Alle Hartriegel möglichst ungeschnitten lassen.

Immergrüne Kriechspindel

Euonymus fortunei 'Emerald'n Gold'
Gelbbunte Blätter 120 cm hoch kriechend, 150 cm hoch kletternd.
Standort: Sonnig bis halbschattig.
Pflege: Wachsen lassen, nicht schneiden.

Gelbbunter Efeu

Hedera helix 'Goldheart'
Gute Kletterpflanze mit kleinen, goldgelb-getupften Blättern.
Standort: Sonnig bis schattig.
Pflege: Jeder Schnitt möglich.

Gelbe Stechpalmen

Ilex aquifolium 'Golden King'
Blätter mit breitem gelben Rand, 2–3 m hoch.

I. aquifolium 'Golden van Tol', ebenfalls gelb gerandet.
Standort: Sonnig bis halbschattig.
Pflege: Schnitt nur nach Frostschäden.

Das weißbunte Schattenglöckchen **(Pieris japonica 'Variegata')**.

Gold-Liguster

Ligustrum ovalifolium 'Aureum'
Unterscheidet sich vom grünen Liguster durch goldgelb gerandete oder völlig gelbe Blätter. Der Wuchs ist etwas schwächer als bei der Stammform, der Gold-Liguster wird nur 2–3 m hoch.
Standort: Sonnig bis halbschattig.
Pflege: Jeder Schnitt ist möglich.

Goldulme

Ulmus minor 'Wredei'
8 m hoher, schmal aufrecht wachsender Baum mit goldgelben, gekrausten Blättern. Nur für Einzelstand geeignet.
Standort: Sonnig bis sonnenabgewandt.

Roter Fächerahorn (Acer palmatum 'Atropurpureum').

Silbergraue bis silbrigblaue Blätter

Bartblume
Caryopteris × cladonensis 'Heavenly Blue'
60–80 cm hoher Zwergstrauch mit locker abstehenden Trieben.
Blüte: August–Oktober, blau, in langen Rispen, wertvoller Sommerblüher.
Standort: Vollsonnig bis sonnenabgewandt.
Pflege: Schnitt beliebig. Blühen nach Rückschnitt noch im gleichen Jahre.

Sanddorn
Hippophae rhamnoides
3–5 m hohe, sparrig wachsende Sträucher mit dornigen Zweigen.
Frucht: Auffallende, orangefarbene, eßbare Früchte mit hohem Vitamin-C-Gehalt.
Standort: Prallsonne bis sonnenabgewandt.
Pflege: Ungeschnitten wachsen lassen, um so reicher fruchten sie. Aber auch radikaler Rückschnitt wird gut vertragen.

Blauraute
Perovskia abrotanoides
Graulaubiger, etwa 1 m hoher Halbstrauch, wegen seiner späten Blütezeit interessant. Aromatisch duftende Blätter.
Blüte: Lila Blüten ab August.
Standort: Sonnig, hell, gedeiht auf jedem Boden. Friert oft im Winter zurück, treibt aber wieder durch.
Pflege: Wenn er nicht zurückgefroren ist, im Nachwinter über dem Boden zurückschneiden.

Blutberberitze
Berberis thunbergii 'Atro-purpurea'
1–1,5 m hoch, mit rötlich-braunen, im Herbst leuchtend roten Blättern.
Blüte/Frucht: wie *B. thunbergii*.

Große Blutberberitze
Berberis thunbergii 'Superba'
3–4 m hoher, stark und schirmartig wachsender Strauch mit braun-roten Blättern.
Blüte/Frucht: Mai, gelb-rot, sehr schön, duftend. Früchte hellrot, wirken nach Blattfall besonders schön.

Kleine Blutberberitze
B. thunbergii 'Atropurpurea Nana'
30–50 cm hoch, Zwergstrauch, auch für Einfassungshecken gut geeignet.
Blüte/Frucht/Blätter: wie *B. thunbergii* 'Atropurpurea'.
Standort: Sonnig, sonnenabgewandt, halbschattig, alle Gartenböden.
Pflege: Schnittverträglich. Vertragen auch starken Rückschnitt.

Purpur-Hasel
Corylus maxima 'Purpurea'
3–4 m, ähnlich wie *C. avellana*, nur schwächer wachsend und mit dunkelroten Blättern.
Blüte/Frucht: März/April, rötliche Kätzchen, Frucht wie *C. avellana*.
Standort: Sonnig bis halbschattig.
Pflege: Auslichtungsschnitt zu empfehlen. Mehrere Sorten pflanzen, da Fremdbestäubung nötig.

Silberlaubige Kriech-Weide
Salix repens argentea
30–50 cm hoch, liegt auf dem Boden auf, gelbe Kätzchen im April.
Standort: Sonnig bis absonnig.
Pflege: Kein Rückschnitt!

Glänzen wie Silber: die Blätter des Sanddorn (*Hippophae rhamnoides*).

Rötliche, braunrote und schwarzrote Blätter

Roter Fächerahorn
Acer palmatum 'Atropurpureum'
Breitbuschiger Strauch, 3 m hoch und breit, zierlich.
Blätter: vom Austrieb bis zum Herbst purpurrot.
Blüte: Anfang Juni, purpurrot.

Schlitzahorn
A. palmatum 'Dissectum'
1 m hoch, bis 2 m breit. Busch, wirkt wie eine Kugel, tief geschlitzte Blätter mit sortenunterschiedlicher Färbung: 'Atropurpureum' blutrot; 'Garnet' leuchtend braunrot; 'Nigrum' schwarzrot; 'Viridis' grün.
Standort: Sonnig bis halbschattig. Bei Sonneneinstrahlung kommt es zu Blattverbrennungen.
Pflege: Kühler und feuchter Boden erwünscht, deshalb schwachwurzelnde Stauden darunterpflanzen. Schnitt möglichst vermeiden.

Roter Perückenstrauch

Cotinus coggygria 'Royal Purple'
Schwächer wachsend als die grüne Art, 2–3 m hoch.
Blüte/Frucht: Juni–Juli, grünrot in langen Rispen. Von Ende Juli an rötliche Fruchtstände.
Standort: Sonnig bis sonnenabgewandt.
Pflege: Nicht schneiden.

Zieräpfel

Malus, rotblättrige Sorten 'Eleyi', Blüte Mitte Mai, rosa, Früchte gelb/rot; 'Nicoline', Blüte Mai, dunkelrot, Früchte, klein, rot; 'Profusion', Blüte Ende Mai, weinrot, Früchte, rotbraun; 'Royalty', Blüte Ende Mai, karminrot, Früchte dunkelrot.
Standort: Vollsonnig bis sonnenabgewandt.
Pflege: Nur Auslichtungsschnitt im Nachwinter.

Blutpflaume

Prunus cerasifera 'Nigra'
Kleiner, bis 5 m hoher Baum oder Großstrauch mit überhängenden Zweigen und schwarzroten Blättern. Sehr schön zusammen mit weißblühenden Sträuchern.
Blüte/Frucht: Rosa-rot ab April, Früchte eßbar, wohlschmeckend.
Standort: Sonnig bis halbschattig.
Pflege: Rückschnitt möglich, aber nicht nötig.

Niedrige Blutpflaume

Prunus × cistena
2–2,5 m hoher Strauch mit weißen, einfachen Blüten im Mai und eßbaren Früchten im Herbst. Ähnelt der Blutpflaume, ist aber viel niedriger.
Standort und Pflege: wie *P. cerasifera* 'Nigra'.

Zierpflaume

Prunus × blirena
Kleiner, dichtbuschiger Baum, 5 m hoch, genauso breit wie hoch, mit leuchtendroten, später grünen Blättern. Die Zweige sind leicht überhängend.
Blüte: Rosa, halbgefüllt, April–Mai.
Standort und Pflege: wie *P. cerasifera* 'Nigra'.

Beim Perückenstrauch (**Cotinus coggygria**) ist alles rot: Blätter, Rinde und Blütenstände.

Ziergehölze, die nur Früchte ansetzen, wenn weibliche und männliche Pflanzen zusammenstehen

Das beste Beispiel bietet der Sanddorn, dessen Vitamin-C-haltige Beeren nur dann in großer Zahl erscheinen, wenn weiblichen Pflanzen wenigstens ein männliches Exemplar zugeordnet wird. Das gilt auch für andere Fruchtgehölze, deren Beeren nur zierenden Wert besitzen.

Laubgehölze

Gelber Strahlengriffel
Actinidia arguta
Breiter, stark windender Kletterstrauch mit 5 m langen Trieben. Sehenswerte gelbe Herbstfärbung der Blätter. Kletterhilfe nötig.
<u>Blüte:</u> Weiße, duftende, im Laub versteckte Dolden von Mai bis Juni.
<u>Frucht:</u> Süßsaure, genießbare Beeren mit hohem Vitamin-C-Gehalt.
<u>Standort:</u> Sonnig, warm.
<u>Pflege:</u> Nur Jungtriebe zurückschneiden.

Baumwürger
Celastrus orbiculatus
Bis 10 m hoher Schlinger für Pergolen. Nicht an Bäume

pflanzen (Name!). Gelbe Herbstfärbung der Blätter.
<u>Früchte:</u> Wunderschön, gelb und scharlachrot, giftig.
<u>Standort:</u> Sonnig bis schattig.
<u>Pflege:</u> Rückschnitt nach Bedarf.

Fächerblattbaum
Ginkgo biloba
In 15 Jahren 4–6 m hoch, später bis zu 20 m. Nach herrlicher Herbstfärbung fällt das Laub ab.
<u>Standort:</u> Sonnig bis halbschattig.
<u>Pflege:</u> Nicht schneiden.

Sanddorn
Hippophae rhamnoides
3–5 m hohe, sparrig wachsende Sträucher mit dornigen Zweigen.
<u>Frucht:</u> Auffallende, orangefarbene, eßbare Früchte mit hohem Vitamin-C-Gehalt.
<u>Standort:</u> Prallsonne bis sonnenabgewandt.
<u>Pflege:</u> Ungeschnitten wachsen lassen, um so reicher fruchten sie. Aber auch radikaler Rückschnitt wird gut vertragen.

Stechpalme
Ilex aquifolium
8–10 m hoher, langsamwachsender Strauch mit dornigen Blättern. Ideales Vogelschutzge-

hölz. Reicher Fruchtschmuck. Besonders empfehlenswert sind die blattbunten Sorten: *I. aquifolium* 'Argenteomarginata', Blätter mit weißem Rand, langsamwachsend; *I. aquifolium* 'Golden King', Blätter mit breitem gelben Rand, 2–3 m hoch; *I. aquifolium* 'Golden van Tol', ebenfalls gelb gerandet.

Torfmyrte
Pernettya mucronata
1–1,5 m hoher Kleinstrauch, hübscher Partner von Zwerg-Rhododendren, Eriken und Callunen.
Blüte/Frucht: Weiß bis Rosa, Mai bis Juli. Große, runde, rosa bis rote Beeren, sehr schön.
Standort: Sonnenabgewandt bis

schattig. Saurer Boden!
Pflege: Kein Schnitt.

Essigbaum
Rhus typhina
Großer, 4–5 m hoher, mehrstämmiger Strauch mit rötlichbrauner Rinde und wunderschöner orangeroter Herbstfärbung. *R. typhina* 'Laciniata' mit feingeschlitzten Blättern, wächst langsamer und breiter.
Blüte/Frucht: Nur männliche Blüten (ab Juli) und Früchte sind sehenswert.
Standort: Sonnig. Leichter Boden erwünscht.
Pflege: Möglichst nicht schneiden.

Frucht-Skimmie
Skimmia japonica
60 cm hoch, langsam wachsend.
Blüte/Frucht: Mai, gelb-weiße Rispen, süß duftend. Rote runde Früchte bis in den Winter hinein.
Standort: Sonnig bis schattig.
Pflege: Nur erfrorene Teile abschneiden.

Nadelgehölze

Wacholder
Juniperus

Grauer Strauch-Wacholder
J. chinensis 'Hetzii'
3–4 m hoch. Auch für geschnittene Hecken.
Standort: Für alle Gartenböden geeignet, robust. Sonnig bis

Eine imposante Erscheinung: der Essigbaum (*Rhus typhina* 'Laciniata') im Schmuck seiner Früchte.

halbschattig, verträgt Sonne, Trockenheit.
Pflegetip: Verträgt jeden Schnitt.

Grüner Zypressen-Wacholder
J. chinensis 'Keteleerii'
1,5–2 m hoch, nach 15 Jahren höher, bildet lockere Säulen.
Standort: Alle Gartenböden geeignet. Sonnig bis schattig.

Zypressen-Wacholder
J. virginiana 'Canaertii'
Baumartig wachsend, 5–7 m hoch mit blaubereiften Zapfen. *J. virginiana* 'Glauca' wird 5 m hoch, 3–3,5 m breit.
Standort: Beide anspruchslos an Boden und Lage.

Eibe
Taxus baccata
Kleiner, mehr strauchartig wachsender Baum mit breit ausladenden, leicht ansteigenden Zweigen. Schwarzgrüne Nadeln, rote Früchte, deren Samenkerne giftig sind. In 10 Jahren 2–3 m hoch. Hier drei Eiben mit besonders auffallendem Fruchtbehang:

Schmale Säulen-Eibe
T. baccata 'Fastigiata Robusta'
Wuchs straffer als *T. baccata* 'Fastigiata', Nadeln heller grün.

Becher-Eibe
T. media 'Hicksii'
Dicht verzweigt, lockere Säulen bildend, sehr langsam wachsend, 1–1,5 m hoch.
Standort: Sonnig bis schattig, kalkliebend, robust. Schattenplatz nicht nötig.

Ziergehölze, die im Schatten wachsen

Sie gewinnen immer mehr an Bedeutung, weil unsere Gärten zuwachsen und dadurch die Plätze für sonnenliebende Gewächse immer rarer werden. Da sind dann Gehölze gefragt, die sich an halbschattigen und schattigen Plätzen wohlfühlen und, wie Rhododendron, an diesen sonnenabgewandten Stellen einen prächtigen Blütenflor entwickeln.

Feuerahorn
Acer ginnala
4–6 m hoher Großstrauch, dessen grüne Blätter sich im Herbst in ein rotes Feuermeer verwandeln.
Blüte/Frucht: Ende Mai, gelblichweiß, wohlriechend.

Berberitzen, immergrüne
Berberis
Für Vor- und Steingärten, niedrige Hecken, Einfassungen und große Pflanzenkübel eignen sich verschiedene immergrüne Zwergberberitzen. Sie blühen von April bis Mai mit gelben Blüten, sind anspruchslos an Boden und Standort, vertragen jeden Schnitt und sogar Trokkenheit. Sie heißen: 'Amstelveen' (bis 100 cm), *B. candidula* (60–100 cm), 'Verrucandi' (60–100 cm).
Die höherwachsenden Berberitzen können in freiwachsenden und geschnittenen Hecken oder zur Einzelstellung verwendet werden: *B. gagnepainii lanceifolia* (200 cm), *B. julianae* (200–300 cm), *B. verruculosa* (100–150 cm), mit bogig überhängenden Zweigen. Auch sie blühen gelb und sind genauso anspruchslos wie die kleinen.

Buchsbaum
Buxus sempervirens
Für unseren Garten ist vor allem der niedrigbleibende, etwa 60–80 cm hohe *Buxus sempervirens* 'Suffruticosa' interessant; die »klassische« Einfassungspflanze ist aus Bauerngärten genauso bekannt wie aus historischen Parks.
Geschnitten wird in gewünschter Höhe jedes Frühjahr. Eine Rotfärbung der Blätter zeigt Nahrungsmangel an.

**Zweifarbig sind die Blüten-
stände der Samthortensie
(Hydrangea sargentiana).**

**Erst weiß, dann rosa, färben
sich die Blüten der Rispenhortensie (Hydrangea paniculata
'Grandiflora').**

Buxus sempervirens var.
sempervirens und 'Handswor-
thiensis', werden 2–3 m hoch.
Man kann die Sträucher für freiwachsende oder streng ge-
schnittene Hecken verwenden.
Gut zu wissen: Sie wachsen
langsam.
Ansprüche und Schnitt wie der
Einfassungs-Buchs.

Liebesperlenstrauch
Callicarpa bodinieri 'Profusion'
Langsam wachsender, 1,5–2 m
hoher Strauch mit ungewöhn-
lich schönen Früchten in violet-
ter Farbe.
Blüte/Frucht: Juli–August, lila.
Früchte von September bis in
den Winter, blaß-lila, rund, per-
lenartig, auffallend.
Standort: Sonnig bis schattig,
vor Frost schützen.
Pflege: Rückschnitt nur bei
Frostschäden.

Kornelkirsche
Cornus mas
5 m hoch, besonders für frei-
wachsende und geschnittene
Hecken, hübsche gelbe Herbst-
färbung.
Blüte/Frucht: Sehr früh, März,
grünlich-gelb, Blütenstrauch,
Bienenweide. Rote Früchte ab
August in Massen, eßbar.
Standort: Sonnig bis schattig.
Anspruchslos.
Pflege: Verträgt jeden Schnitt.
Hartriegel mit buntgefärbter
Rinde:

Weißer Hartriegel
C. alba
2,5–3 m hoch, rote Rinde;

Roter Hartriegel
C. sanquinea
3 m hoher Strauch, Herbstfärbung dunkelrot, Rinde dunkelrot bis schwarz.

Die immergrünen Lorbeer-
kirschen (*Prunus laucocerasus*)
eignen sich auch für Hecken.

Standort: Sonnig bis schattig.
Pflege: Alle Hartriegel möglichst
ungeschnitten lassen.

Pfaffenhütchen

Euonymus europaea
2 m hoher Strauch, Herbstfärbung der Blätter.
Blüte/Frucht: Unscheinbare Blüten, dafür auffallend orangefarbene Früchte, von Vögeln
begehrt, für Menschen giftig.

Großfrüchtiges Pfaffen-hütchen

E. planipes
2–3 m hoch, karminrote
Herbstfärbung.
Blüte/Frucht: Blüte unscheinbar,

besonders schöne, dunkelrote,
giftige Kapselfrüchte.
Standort: Sonnig bis halbschat-
tig.
Pflege: Auslichten, sogar starke
Verjüngung möglich.

Immergrüne Kriech-spindel

Euonymus fortunei-Sorten
Kriechsträucher, die auch an
rauh verputzten Wänden, Zäu-
nen und anderen Gerüsten mit
Haftwurzeln emporklettern.
Blattfarbe und Wuchshöhe sind
sortenunterschiedlich.
Eine Auswahl der schönsten
Sorten (die Angaben über die
Wuchshöhe beziehen sich zuerst

auf das kriechende und dann
auf das kletternde Wachstum):
'Coloratus', grün, 40 cm, 150 cm;
'Emerald Gaity' mit weißen Rändern, 20 cm, 100 cm; 'Emerald'n Gold', gelbbunt, 20 cm,
150 cm; 'Gracilis', mit silbrigem
Rand, 20 cm, 150 cm; 'Minimus',
grün, 15 cm, 50 cm; 'Radicans',
grün, 20 cm, 200 cm;
'Vegetus', 60 cm, 300 cm.
Standort: Sonnig bis halbschattig.
Pflege: Wachsen lassen, nicht
schneiden.

Strauch-Efeu

Hedera helix 'Arborescens'
Neben den kletternden Efeu-
Arten (siehe »Klettergehölze«)
verdient diese breitbuschig und
aufrechtwachsende, 1,5 m hohe
Art unsere Aufmerksamkeit wie
auch *H. colchica* 'Arborescens'
mit größeren Blättern.
Blüte/Frucht: Grün-gelb im
Oktober, schwarz-braune, kuge-
lige Früchte im Jahr darauf.
Standort: Sonnig bis schattig.
Pflege: Schnitt nur, um Wachs-
tum zu kontrollieren.

Hortensie

Hydrangea
Hortensien können das som-
merliche Gartenbild auf reizvolle Art bestimmen. Ganz
gleich, ob es sich um die belieb-
ten Bauernhortensien, um die
Rispen-, Kletter- oder edlen

Samt-Hortensien handelt. Es sind Blütensträucher der Spitzenklasse.

Strauch-Hortensie

H. arborescens 'Grandiflora'

2 m hoher, breiter Strauch.
Blüte: Cremeweiße, flache Blütenteller, Juli, verschwenderische Blütenfülle.
Standort: Sonnig bis schattig. Saurer Gartenboden, windgeschützt.
Pflege: Nach dem Verblühen Blütenreste entfernen.

Bauern-Hortensien

H. japonica-, macrophylla- und *serrata*-Hybriden

1–2 m hohe, dichtbuschige Sträucher, ähnlich wie Topfhortensien, in Sorten erhältlich.
Blüte: Juni–Juli, große, ballförmige Doldenrispen. Sorten: 'Bluebird', blau; 'Bouquet Rose', rosa; 'Preziosa', tiefrosa-purpurrot; 'Rosalba', rosa oder blau.
Standort: Prallsonne bis sonnenabgewandt. Saurer Boden.
Pflege: Blütenreste entfernen, starken Rückschnitt vermeiden, sonst Blühpause.

Samt-Hortensie

H. sargentiana

1–2 m hoher, breitwachsender Strauch mit samtig-dunkelgrünen, unterseits wollig behaarten Blättern.

Immergrün und doch schön bunt: die Stechpalmen (Ilex aquifolium 'Golden Kind' und 'Golden van Tol').

Blüte: Juli–August, Rand blütenweiß, Innenblüten hellviolett, auffallend.
Standort: Sonnig bis halbschattig. Saurer Gartenboden.
Pflege: So wenig wie möglich schneiden.

Kletterhortensie

H. petiolaris

Wunderschöner Kletterstrauch mit rotbraunen Trieben. Bis 10 m hoch. Selbsthaftend.
Blüte: Große, weiße, lockere Dolden von Juni bis Juli.
Standort: Nahrhafte, feuchte, sandige Böden, in Halbschatten bis Schatten.
Pflege: Rückschnitt im Nachwinter fördert die Blütengröße. Radikaler Rückschnitt ist möglich.

Stechpalme

Ilex aquifolium

8–10 m hoher, langsamwachsender Strauch mit dornigen Blättern. Ideales Vogelschutzgehölz. Reicher Fruchtschmuck. Besonders empfehlenswert sind die blattbunten Sorten: *I. aquifolium* 'Argenteomarginata', Blätter mit weißem Rand, langsamwachsend; *I. aquifolium* 'Golden King', Blätter mit breitem gelben Rand, 2–3 m hoch; *I. aquifolium* 'Golden van Tol', ebenfalls gelb gerandet.

Japan-Stechpalme

Ilex crenata

Niedrig bleibend, 2–3 m hoch, langsam wachsend. Im Gegensatz zu *I. aquifolium* kleine buchsbaumähnliche Blätter und

schwarze Früchte. Die Sorte 'Convexa' hat löffelartige Blätter, 'Golden Gem' eine goldgelbe Belaubung (aber nur an Sonnenplätzen). *I. crenata* 'Stokes' wird nur 50 cm hoch.
Standort: Sonnig bis halbschattig.
Pflege: Schnitt nur nach Frostschäden.

Ranunkelstrauch

Kerria japonica
1–1,5 m hoher, anspruchsloser Blütenstrauch, dessen Triebe alle 3 Jahre absterben und neuen Platz machen. Schöner als die Art ist *K. japonica* 'Plena', die schneller wächst und höher wird.
Blüte: Mai–Juli, gefüllt.
Standort: Prallsonne bis Halbschatten.
Pflege: Regelmäßig auslichten.

Lorbeerkirsche

Prunus laurocerasus
Je nach Sorte 1,5–2,5 m hohe, geschlossen wachsende Sträucher, die als Grenzbepflanzung guten Sichtschutz bieten. *P. laurocerasus* 'Herbergii', bis 2 m hoch, aufrechtwachsend; 'Otto Luyken', 1 m hoch, breite Büsche bildend; 'Schipkaensis Macrophylly', 2–2,5 m hoch, locker und aufrecht wachsend, besonders große Blätter; 'Zabeliana', 80 cm hoch, waagerecht ausgebreitete Zweige.
Blüte/Frucht: Mai–Juni, weiße Ähren oder Rispen, meist stark duftend. Schwarze Beeren.
Standort: Sonnig bis halbschattig. Nahrhafter Boden.
Pflege: Jeden Schnitt vermeiden.

Rhododendron und Gartenazaleen

Wer Rhododendren pflanzen will, kann unter vielen Arten und noch mehr Sorten wählen. Deshalb ist die Einteilung der Rhododendren in Gruppen eine unentbehrliche Hilfe.

Großblumige Rhododendron-Hybriden

Die Hybriden sind allein schon wegen ihrer mittelgroßen bis großen Blüten sehenswert. Die Farbskala ist riesig. Sie reicht von Weiß, über Gelb, Rosa, Orange und Rot bis hin zu tiefem Violett. Sehr beliebt sind die Sorten mit »Auge«, einem hellen oder dunklen Fleck in der Blütenmitte.
Sie erreichen eine Höhe von 1,5–3,5 m und sind so breit wie hoch. Hybriden können einzeln oder in Gruppen stehen. Hauptblütezeit: Mitte Mai bis Ende Juni.

Rhododendron insigne-Hybriden

Sie gefallen durch einen kompakten, dichten Wuchs und das stabile, lederartige Blätterkleid, das sie auch außerhalb der Blütezeit zu ansehnlichen Gartenpflanzen macht. Je nach Sorte erreichen sie in ausgewachsenem Zustand Höhen von 1–1,5 m und eignen sich deshalb für kleine Gärten. Hauptblütezeit: Ende Mai bis Anfang Juni. Sie blühen erst als ältere Pflanzen.

Das Rhododendron-Jahr beginnt mit der Vorfrühlings-Alpenrose (Rhododendron praecox, oben).

Die großblumigen Rhododendron-Hybriden brauchen viel Platz um sich herum.

Rhododendron repens-Hybriden

Diese, nur 0,4–1 m hohen Zwergrhododendren passen auch in kleinste Gärten, in Vor- und Steingärten und auch in Pflanzgefäße. Fast alle haben hell- bis dunkelrote Blüten, die früh im April erscheinen. Einige Sorten wie 'Scarlet Wonder' und 'Bad Eilsen' erfreuen uns im Winter durch ansehnliche, braunrote Knospen. Hauptblütezeit: April bis Mai.

Rhododendron wardii-Hybriden

Schöne, bei Rhododendren seltene gelbe und rosa Farbtöne zeichnen diese 1,2–2,5 m hohen Hybriden aus. Wer ein gelbes Rhododendron sucht, findet es in dieser Gruppe. Hauptblütezeit: Mai bis Anfang Juni.

Rhododendron williamsianum-Hybriden

Diese Gruppe steht hinsichtlich ihrer Wuchskraft zwischen den großblumigen und den Repens-Hybriden. Man kann sie in kleine, ja sogar in kleinste Gärten und in Pflanzgefäße setzen. Sie erreichen Höhen von 1–1,5 m, einige Sorten 2–3 m. Am besten blühen sie an einem sonnigen Platz, im Schatten läßt

Den Rhododendren sollte man andere Pflanzen zugesellen, wie zum Beispiel die blaublütige Akelei.

der Knospenansatz zu wünschen übrig. Hauptblütezeit: Ende April bis Ende Mai.

Yakushimanum-Hybriden
Die Vertreter dieser Gruppe sind besonders zu loben. Sie bleiben meist niedrig, etwa 0,7–1,2 m hoch, und sind in zahlreichen Sorten erhältlich, die alle durch dichte Blütenbüschel in wundervollen Farben auffallen. Alle blühen schon als junge Pflanzen, wachsen langsam, vertragen, ja wünschen sogar einen sonnigen Platz und sind deshalb auch für Pflanzgefäße und sonnig gelegene Gartenpartien zu verwenden. Diese Hybriden gehören zu den

schönsten Rhododendren für kleine und mittelgroße Gärten. Die Hauptblütezeit geht von Mai bis Juni.

Sommergrüne Azaleen-Hybriden
Im Gegensatz zu den Rhododendron-Hybriden verlieren die Sorten dieser Gruppe im Winter die Blätter. Sie werden je nach Sorte etwa 1,2–1,8 m hoch und bestechen durch Blütenreichtum und Farbenpracht. Diese blattabwerfenden Sorten sind zudem noch besonders anspruchslos an Boden und Lage. Die Baumschulgärtner teilen sie manchmal noch in Untergruppen auf wie Knapp-Hill-, Mollis-,

Occidentalis-, Pontica- und Rustica-Hybriden. Hauptblütezeit: Mai bis Juni.

Wildarten und ihre Hybriden
Diese Arten wurden meist noch nicht züchterisch bearbeitet. Sie wachsen und blühen wie in der freien Natur. Wegen ihrer meist geringen Größe (bis 1 m hoch) und ihres kissenartigen Wachstums lassen sie sich auch in Pflanzgefäßen wie Kübel oder große Balkonkästen verwenden. Hauptblütezeit: Vom Frühjahr (*R. praecox* im März) bis Juli.

Japanische Azaleen
In dieser Gruppe, oft fälschlich *R. japonica* genannt, sind eine Fülle von Sorten zusammengefaßt, die uns mit einer fantastischen Blütenfülle erfreuen. Die meist nur 1 m hohen, in die Breite gehenden Büsche, passen gut in halbschattige Steingärten, ans Teichufer oder an Wegesränder. Die Blüten bedekken die Pflanzen fast völlig, so daß die wintergrünen, im März sich farbenfroh verfärbenden Blätter kaum zu sehen sind. Besonders zwergwüchsig: die Diamant-Azaleen. Hauptblütezeit: Anfang Mai bis Anfang Juni.

Rhododendron-Pflanzung und -Pflege

Rhododendren und andere Gartenazaleen gedeihen am besten in saurer Erde mit einem pH-Wert zwischen 4,5 und 5,5. Es empfiehlt sich also vor der Pflanzung, den pH-Wert festzustellen, am einfachsten mit Hilfe eines Bodentesters wie Calcitest, der im Fachhandel erhältlich ist. Durch Einarbeiten von Torf kann der pH-Wert gesenkt werden.

Der Boden der Pflanzstelle sollte also kalkfrei, feuchtigkeitshaltend, locker und humushaltig sein. Es hat sich bewährt, eine Pflanzgrube auszuheben, die dreimal so breit und doppelt so tief wie der Wurzelballen ist. Dann den Bodenaushub zu 50–70% mit Torf vermischen und diese Mischung wieder einfüllen. Für eine gute Durchlüftung und Wasserführung sorgen kleine und größere, auf jeden Fall aber kalkfreie Steine, die in der Pflanzerde verteilt werden. Die Ballen müssen gut feucht sein und mit der Erdoberfläche abschließen. Ein Gießrand erleichtert das lebenswichtige Wässern.

Auch bei sehr kalkhaltigen Böden, braucht man auf diese schönen Blütensträucher nicht zu verzichten. In einem solchen Falle wird ein erhöhtes Pflanzbeet mit einer seitlichen Begrenzung aus Holzstücken oder Steinen angelegt, mit einem Rhododendron-Substrat wie Planta-Rhodo gefüllt und anschließend bepflanzt.

Die beste Pflanzzeit ist von Mitte September bis Ende November und im Frühjahr von Anfang März bis Ende Mai. Nicht vergessen, vor dem Einsetzen in die Pflanzgrube den Container entfernen oder bei Jute-Umhüllungen den Knoten aufzuschneiden.

Düngen

Da Rhododendren Flachwurzler sind und sich nicht durch weitreichende Wurzeln selbst versorgen können, ist eine regelmäßige Nährstoffversorgung, vor allem für die großblumigen Sorten, unbedingt nötig. Zur Düngung vor allem der Wildarten eignen sich organische Dünger wie Horn- und Knochenmehl. Großblumige Hybriden blühen noch besser, wenn sie mit Spezial-Rhododendron-Dünger versorgt werden.

Die erste Düngung erfolgt im März/April. Dann erhält jede Pflanze etwa 50 g Hornspäne und 100 g Rhododendron-Dünger. Ein sehr empfehlenswertes Gemisch, das im Abstand von etwa 25 cm rund um den Stamm dünn unter dem Busch verteilt und vorsichtig eingerecht wird.

Damit die Rhododendren nach der Blüte kräftige neue Triebe bilden können, hat sich eine weitere Düngung im Juli bewährt. Dazu genügt die Hälfte der im Frühjahr gegebenen Menge.

Rhododendren werden von Jahr zu Jahr größer und bei guter Ernährung auch blühfreudiger.

Alle kleinblumigen Rhododendren wie Japanische Azaleen, einige Wildarten mit ihren Hybriden sollten sehr viel weniger Dünger, weniger noch als die Hälfte, und möglichst nur organische Dünger erhalten.

Was zu Rhododendron paßt

Alleinstehenden Rhododendrongruppen sollte man Begleitpflanzen zugesellen, die vor oder nach diesen Ziergehölzen blühen, die den Boden bedecken oder als grüne Kulissen die Schönheit der Rhododendren noch verstärken. Das gibt traumhaft schöne Wirkungen und holt die Rhododendren aus ihrer Isolierung heraus.

Außerdem können Sträucher und Bäume besonders in der Mittagssonne lichten Schatten spenden und die Luftfeuchtigkeit erhöhen, während Nadelgehölze Windschutz bieten. Aber nur tiefwurzelnde Ziergehölze

Mulchdecke

Das Wohlbefinden der Rhododendren steigt erheblich durch eine alle 2–3 Jahre zu erneuernde 10 cm hohe Decke aus Torf oder Rindenmulch, der allerdings von Koniferen stammen muß. Man kann den Boden auch mit Laub bedecken. Diese Mulchdecken dienen dazu, den Boden feucht zu halten.

Wässern

Wie überhaupt auf einen ausreichenden Feuchtigkeitsgehalt der Erde geachtet werden muß. Bei lang anhaltender Trockenheit und bei Temperaturen um 25 °C müssen, vor allem freistehende Pflanzen, regelmäßig und reichlich gewässert werden. Anzeichen für Trockenheit: Wenn morgens schon die Triebe schlapp herunterhängen. Bewährt haben sich für die Wasserversorgung: Regner und/ oder Sprühschläuche. Es ist besser, vor allem bei jungen Pflanzen, die abgeblühten Blütenstände mit der Hand herauszubrechen, um den Samenansatz zu verhindern. Diese Maßnahme fördert das Wachstum und außerdem die Knospenbildung.

kommen infrage, die den flachwurzelnden Rhododendren nicht die Nahrung und das Wasser wegnehmen. Damit die Luftbewegung gewährleistet ist, sollte man die Bäume öfters beschneiden oder besser ganze Äste entfernen.

Zu den nicht konkurrierenden Bäumen gehören alle heimi-

schen Kiefern, Lärchen, Ginkgo, Amberbaum, Pfennigsbuche und Goldregen. Von den Sträuchern lassen sich eine Zaubernuß, Rispen- oder Bauernhortensien oder auch ein rotblättriger Perückenstrauch dazupflanzen, und fast Pflicht ist ein Blumenhartriegel *(Cornus florida).* Die Prachtglocke *(Enkianthus campanulatus)* paßt, auch wegen der rötlichen Herbstfärbung der Blätter, zu Rhododendron genauso wie Stern- und Sommermagnolien *(Magnolia stellata, M. sieboldii)* und der Japanische Schneeball *(Viburnum plicatum* 'Mariesii').

Alpenbeere
Ribes alpinum 'Schmidt'
1–2 m hoher Strauch mit leicht überhängenden Trieben. Für Hecken geeignet. Früher Austrieb, später Blattfall.
Blüte/Frucht: Grünlichgelb, ab April; Früchte nicht genießbar.
Standort: Sonnig bis halbschattig. Prallsonne und Trockenheit vermeiden.
Pflege: Verjüngung alle 2–3 Jahre angebracht.

Holunder
Sambucus nigra
5 m hoher Strauch, Vogelnährgehölz.
Blüte/Frucht: Große, weiße, duftende Blütentrauben. Blau-

Zu immergrünen Rhododendren sollte man stets laubabwerfende Sorten dazupflanzen. Das gibt dann ein schöneres Bild.

schwarze Früchte von Juni–August. Genießbar als Saft oder gekocht.
Standort: Sonnig bis halbschattig, humusreicher, nicht zu magerer Boden erwünscht.
Pflege: Verträgt auch radikalen Rückschnitt.

Großfrüchtiger Holunder
Sambucus canadensis 'Maxima'
3–4 m hoher Strauch.
Blüte: Wie *S. nigra,* Früchte erscheinen ab September, dunkelrot, eßbar.
Standort/Pflege: Wie *S. nigra.*

Schneebeere
Symphoricarpos
Die Blüten dieses anspruchslosen Strauches werden von den Bienen, die schneeweißen oder korallenroten Fruchtkugeln von den Gartenfreunden hoch geschätzt. Sie schmücken den Strauch bis tief in den Winter hinein, und zwar aus folgendem Grund: Sie werden von den Vögeln nicht gefressen. In Hecken aus Schneebeeren nisten Vögel dagegen gerne.

Weiße Heckenbeere
S. 'White Hedge'
1,5 m hoch, straff aufrechte Triebe; sie ist die schönste Schneebeere und gartenwürdiger als die wuchernde, 2,0 m hohe *S. albus* × *laevigatus.*
Blüte: Weiß, leicht gerötet, in langen Trauben, wenig auffallend.
Frucht: Ab September, weiß, größer als bei *S. albus* × *laevigatus,* lange haftend.

41

Purpurbeere
S. × chenaultii
1,5–2 m hoher, zierlicher Strauch mit überhängenden Zweigen.

Niedrige Purpurbeere
S. 'Hancock'
0,5–0,8 m hoch, flach und niederliegend, deshalb guter Bodendecker, nicht mit anderen Zwerggehölzen kombinieren.

Amethystbeere
S. 'Magic Bery'
0,8 m hoch, breit und dicht wachsend, mit besonders gro-ßen, lilaroten Beeren, für niedrige Hecken zu empfehlen.
Standort: Sonnig bis halbschattig, für alle Gartenböden.
Pflege: Jeder Schnitt ist möglich und problemlos.

Echter Schneeball
V. opulus 'Roseum'
Der beliebte »echte« Schneeball, 3–4 m hoch, dicht verzweigt.
Blüte: Mai/Juni, kugelrunde, dichtgefüllte, schneeballartige Blütenstände.
Standort: Sonnig, aber keine Prallsonne, auch sonnenabgewandt und halbschattig.
Pflege: Regelmäßiges Auslichten zu empfehlen.

Nadelgehölze

Muschelzypresse
Chamaecyparis obtusa 'Nana Gracilis'
Langsamwachsend, mit muschelförmig gedrehten Zweigen. 1–2 m hoch.
Standort: Hell bis halbschattig, pralle Sonne unerwünscht.

Eibe
Taxus baccata
Kleiner, mehr strauchartig wachsender Baum mit breit ausladenden, leicht ansteigenden Zweigen. Schwarzgrüne Nadeln, rote Früchte, deren Samenkerne giftig sind. Viele schöne Arten, Sorten und Formen. In 10 Jahren 2–3 m hoch. Mehr breit als hoch werden die »Aprather-Typen«: 'Nissen's Corona', 4–5 m breit, 'Nissen's Dirigent', 3–4 m breit, 'Nissen's Kadett', 5–6 m breit, 'Nissen's Präsident', 4–5 m breit.
Standort: Sonnig bis schattig, kalkliebend, robust.

Adlerschwingen-Eibe
T. baccata 'Dovastoniana'
Kleiner Baum oder Strauch mit waagerecht abstehenden und bogig überhängenden Zweigen, 1,5–2 m hoch. Sehr schön!
Standort: Wie *T. baccata*.

Für Steingärten und Pflanzgefäße besonders geeignet: die Muschelzypresse (*Chamaecyparis obtusa* 'Nana Gracilis').

Eiben, die wie Säulen wachsen

Säulen-Eibe
Taxus baccata 'Fastigiata'
Bildet schmale Säulen, bis 3 m hoch.

Schmale Säulen-Eibe
T. baccata 'Fastigiata Robusta'
Wuchs straffer als *T. baccata* 'Fastigiata', Nadeln heller grün.

Kegel-Eibe
T. baccata 'Overeynderi'
Langsamer und kegelförmig wachsend, als Heckenpflanze geeignet, 3–5 m hoch.

Becher-Eibe
T. media 'Hicksii'
Säulenform ohne Mitteltrieb, dicht verzweigt, lockere Säulen bildend, sehr langsam wachsend, 1–1,5 m hoch.
Standort: Wie *T. baccata*.

Niedrig wachsende Eiben

Kissen-Eibe
T. baccata 'Repandens'
30–50 cm hoch, 2–3 m breit, regelmäßiges Wachstum.
Standort: Wie *T. baccata*.

Japanische Zwerg-Eibe
T. cuspidata 'Nana'
Breiter Strauch mit weit ausladenden Ästen, bis 1 m hoch und 2 m breit.

Standort: Sonnig bis halbschattig, alle Gartenböden, verträgt Kalk, sehr frosthart.

Die schmale Säuleneibe (*Taxus baccata* 'Fastigiata'), wird in 10 Jahren etwa 1 m hoch.

Kanadische Hemlocktanne
Tsuga canadensis
Mittelgroßer, 3–4 m hoher, nach 15 Jahren höherer Baum, mit überhängenden Zweigen, sehr locker wachsend, zum Teil auch mehrstämmig.
Standort: Sonnig bis halbschattig, saurer Boden erwünscht, empfindlich gegen Hitze und trockenen Boden, nicht an Südseiten pflanzen.

Kissen-Hemlock
T. canadensis 'Nana'
Zwergform, 30–40 cm hoch, 50–80 cm breit, nach 15 Jahren größer und breiter.
Standort: Wie *T. canadensis*.

Hänge-Hemlock
T. canadensis 'Hemlock'
Zweige tief herabhängend, unregelmäßig wachsend, bis 1 m hoch und 2 m breit.
Standort: wie *T. canadensis*.

43

Ziergehölze, die schnell wachsen

Einige Gehölze, darunter viele schöne Blütenbäume, sind schon nach wenigen Jahren meterhoch und »ausgewachsen«.

Laubgehölze

Eschenahorn
Acer negundo-Veredlungen
Buntblättrige Sorten, schnell und locker wachsende, 5–7 m hohe Großsträucher.
Sorten: 'Aureo-variegatum', gelbgefleckte Blätter; 'Flamingo', anfangs hellrosa Rand, später hellweiß gefleckt; 'Variegatum', weißer oder gefleckter Rand, gelblich-weiße Blüten ab März/April vor dem Austrieb.
Standort: Sonnig bis halbschattig, ausgenommen *A. japonicum* 'Aureum', der einen sonnenabgewandten Platz braucht.
Pflege: Jeden unnötigen Schnitt vermeiden; Rückmutationen bei *A. negundo*-Veredlungen (Triebe mit grünen Blättern) herausschneiden.

Birken
Betula
Sie wirken vor allem durch ihre glänzendweiße Rinde und durch den lockeren Wuchs der Zweige. Besonders schön (und teuer) sind mehrstämmige Birken. In ihrer Nähe haben andere Pflanzen große Probleme, weil Bir-

ken dem Boden Wasser und Nahrung entziehen. Deshalb sollte man sich auf kleinwüchsige Arten beschränken. Nur in großen Gärten, am schönsten einzelnstehend, ist die Pflanzung hochwachsender Birken angebracht.

Die Hängebirke (*Betula pendula* 'Youngii') ist ein Einzelgänger. Sie braucht viel Platz.

Säulen-Birke
B. pendula 'Fastigiata', 10–15 m, schmaler, säulenförmiger Wuchs.

Purpur-Birke
B. pendula 'Purpurea', schwächer wachsend, dunkelrotes Laub.

Bronze-Birke
B. maximowieziana
15 m hoch, wegen ihrer bronzefarbenen Rinde die schönste aller Birken.

Zwerg-Birke
B. nana
50 cm hoher und bis 2 m breiter, kissenförmiger Strauch für Heide- und Steingärten.

Hänge-Birke
B. pendula 'Youngii'
Schirmartig wachsender, 3 m hoher Baum mit bis zum Boden hängenden Zweigen. Nur für Einzelstellung.
<u>Standort:</u> Sonnig bis sonnenabgewandt. Kalkempfindlich.
<u>Pflege:</u> Wenig schneiden. Pflanzung besonders günstig bei Austriebsbeginn.

Trompetenbaum
Catalpa bignonioides
10–15 m hoher Baum mit schönen Blütenrispen und interessanten Früchten. Nur für große Gärten und in Einzelstellung. Erheblich kleiner ist *C. bignonioides* 'Nana'.
<u>Blüte/Frucht:</u> Juni–Juli, zahlreiche weiße Blütenrispen. Ab September 40 cm lange, braune Früchte (»Zigarrenbaum«).
<u>Standort:</u> Sonnig, verträgt keine Trockenheit.
<u>Pflege:</u> Wenig schneiden, am besten nur bei Frostschäden.

Zieräpfel
Malus
Die Zieräpfel haben zweierlei zu bieten: von Mai bis Juni die Farbenpracht ihrer Blüten und im Herbst zierliche Fruchtäpfelchen. Die Blüten sind einfach oder gefüllt, weiß, rosa, orange

Trompetenbaum (Catalpa bignonioides, oben).

Zieräpfel (Malus) in Arten und Sorten, sind als Büsche und Hochstämme erhältlich.

Hübsch sehen sie aus: die roten, gelben oder orangefarbenen Früchte der Zieräpfel.

Zierkirschen

Prunus-Arten und Sorten Blütenbäume oder Sträucher von unterschiedlichem Wachstum und auffallend üppigem Blütenflor.

Blüte: Sortenunterschiedlich, März/April, April/Mai, Mai/Juni, Spätherbst bis April ('Autumnalis'), weiße, vor allem rosa und rote Farbnuancen.

Standort: Sonnig bis sonnenabgewandt. Boden soll locker, tiefgründig und wasserdurchlässig sein.

Pflege: Schnitt möglichst vermeiden, um Gummifluß vorzubeugen. Nur kranke oder zu groß gewordene Äste kurz vor dem Laubfall aussägen.

Scheinakazien, Robinien

Robinia

In unseren Gärten ist kein Platz für die schnellwüchsigen Scheinakazien, *Robinia pseudoacacia*, die fast alle zu hoch und deren Wurzelausläufer recht lästig werden. Für größere Gärten eignen sich nur die folgenden Arten und Sorten:

Kugelakazie

R. pseudoacacia 'Umbraculifera'
Ein kleiner, 4 m hoher Baum mit (ohne Schnitt) kugelrunder Krone.

Korkenzieher-Akazie

R. pseudoacacia 'Tortuosa'
Mittelgroßer, 8–10 m hoher Baum mit bizarr gekrümmten und korkenzieherartig gedrehten Trieben und Blättern.

Blüte: Weiß, in langen Trauben, duftend, Juni.

oder purpurrot, gelbrot oder weinrot. Die verschiedenen Sorten werden als Hochstamm (4–10 m) oder als Büsche angeboten.

Standort: Vollsonnig bis sonnenabgewandt.

Pflege: Nur Auslichtungsschnitt im Nachwinter.

Pfennigbuche

Nothofagus antarctica
Meist mehrstämmiger, kleiner, 5–7 m hoher Baum mit reicher, lockerer Verzweigung. Herbstfärbung goldgelb. Eine Zierde für jeden Garten.

Blüte: April–Mai, unscheinbar.

Standort: Vollsonnig bis sonnenabgewandt.

Pflege: Nicht schneiden!

Blauglockenbaum

Paulownia tomentosa
Mittelgroßer, im Alter 10–15 m hoher Baum, für Einzelstellung

in größeren Gärten. Nur für Weinbauklima geeignet.

Blüte: Hellblaue Glockenblumen, in aufrechten, 30 cm langen Rispen, Mai.

Standort: Sonnig bis halbschattig, kalkliebend.

Pflege: Junge Pflanzen vertragen Rückschnitt, ältere dagegen weniger.

Blutpflaume

Prunus cerasifera 'Nigra'
Kleiner, bis 5 m hoher Baum oder Großstrauch mit überhängenden Zweigen und schwarzroten Blättern. Sehr schön zusammen mit weißblühenden Sträuchern.

Blüte/Frucht: Rosa-rot, ab April, Früchte eßbar, wohlschmeckend.

Standort: Sonnig bis halbschattig.

Pflege: Rückschnitt möglich, aber nicht nötig.

Borstenakazie

R. hispida 'Macrophylla'
1,5–2,5 m hoher, aufrecht
wachsender Strauch.
Blüte: Rot, in Trauben, ab Juni,
sehr schön.
Standort: Sonnig bis sonnenabgewandt.
Pflege: Nicht schneiden.

Weiden

Salix
Für den Garten interessieren
vor allem Weiden mit auffallenden Kätzchen, die Zwerg- und
Kriechweiden und die hängenden Formen.

Weiden mit besonders
hübschen Kätzchen

Reif-Weide

Salix daphnoides 'Praecox'
5–8 m hoher Großstrauch mit
blauweiß bereifter Rinde.
Blüte: Sehr früh, ab Februar,
sehr lange, silberweiße Kätzchen.
Standort: Sonnig bis sonnenabgewandt.
Pflege: Rückschnitt möglich.

Kübler-Weide

S. × smithiana
5–6 m hoher Strauch. Gute Bienenweide.
Blüte: Dicht sitzende, gelbe
Kätzchen, März/April.
Standort: Sonnig bis halbschattig.

**Für die Hängende Kätzchen-
weide (*Salix caprea* 'Pendula')
ist auch im kleinsten Garten
Platz.**

Pflege: Rückschnitt zu empfehlen.

Echte Sal-Weide

S. caprea mas
3–4 m hoher Blütenstrauch.
Blüte: auffallend große männliche, gelbe Kätzchen, März/April.
Standort: Sonnig bis sonnenabgewandt.
Pflege: Rückschnitt möglich.

Advent-Weide

S. 'Silberglanz'
4 m hoher Strauch mit elegant
überhängenden Zweigen, Winterblüher.
Blüte: Ab November/Dezember,
silbrigweiße Kätzchen bis März,
dann goldgelb und reich.
Standort: Sonnig bis sonnenabgewandt.
Pflege: Rückschnitt möglich.

Weiden von ungewöhnlichem
Wuchs

Hängende Kätzchen-Weide

S. caprea 'Pendula'
2 m hoch mit bis zum Boden
senkrecht herabhängenden
Zweigen.
Blüte: Besonders dicht ste-
hende, gelbe Kätzchen.
Standort: Sonnig bis sonnenabgewandt.
Pflege: Rückschnitt der Blütentriebe nach der Blüte.

Japanische Drachen-Weide

S. 'Sekka'
3 m hoher Strauch mit bizarr
verbreiterten Zweigen.
Blüte: Gelbe Kätzchen, April.
Standort: Hell, absonnig.
Pflege: Auslichtungsschnitt
erwünscht.

Korkenzieher-Weide
S. 'Tortuosa'
6 m hoher Baum mit verdrehten, gekrümmten und gebogenen Zweigen (und Blättern).
<u>Blüte:</u> Gelbe männliche Kätzchen, April.

Die Japanische Drachenweide (Salix 'Sekka'). Nur einzelstehend pflanzen, damit die bizarren Triebe zur Geltung kommen.

<u>Standort:</u> Sonnig bis sonnenabgewandt.
<u>Pflege:</u> Möglichst nicht schneiden.

Zwerg- und Kriechweiden

Sie sind für niedrige Hecken, größere Steingärten, Trockenmauern und Hangbepflanzung geeignet.

Niedrige Purpurweide
S. purpurea 'Nana'
50–100 cm hoch, kugelige Büsche, rötliche Kätzchen von März–April, hübsche, silbergraue Blätter.

Silberlaubige Kriech-Weide
S. repens argentea
30–50 cm, bodenaufliegend, die gelben Kätzchen erscheinen im April.

Holunder
Sambucus nigra
5 m hoher Strauch, Vogelnährgehölz.
<u>Blüte/Frucht:</u> Große, weiße, duftende Blütentrauben. Blauschwarze Früchte von Juni–August. Genießbar als Saft oder gekocht.
<u>Standort:</u> Sonnig bis halbschattig, humusreicher, nicht zu magerer Boden erwünscht.
<u>Pflege:</u> Verträgt auch radikalen Rückschnitt.

Eberesche, Vogelbeerbaum
Sorbus aucuparia
10–15 m hohes Fruchtgehölz, das sich nur für große Gärten eignet. Wer die roten, Vitamin-C-haltigen, eßbaren Früchte mag, pflanze die Mährische Ebersche, *S. aucuparia* var. *edulis;* sie bringt doppelt so große Früchte hervor wie *S. aucuparia.*
<u>Standort:</u> Sonnig bis sonnenabgewandt.
<u>Pflege:</u> Schnitt nicht zu empfehlen.

Säulen-Eberesche
S. aucuparia 'Fastigiata'
5 m hoher säulenförmiger Baum.
<u>Blüte/Frucht:</u> Große weiße Doldentrauben im Mai. Die Früchte sind jedoch, anders als die der Vogelbeere, nicht genießbar.

Die Früchte der Eberesche
(*Sorbus aucuparia*) sind für
unsere Singvögel ein gefun-
denes Fressen.

Nadelgehölze

Blau-Zeder
Cedrus atlantica 'Glauca'
10–15 m hoch, sehr schöne,
silberblaue Nadeln und nach
10 Jahren viele Früchte bis in
die unteren Astpartien.

Hängende Blau-Zeder
C. atlantica 'Glauca Pendula'
Hängeform der Blauzeder mit
senkrecht zum Boden her-
abhängenden Zweigen. Höhe
unterschiedlich, silberblaue
Nadeln. Besonders für Einzelstand und nicht zu kleine Gärten geeignet.
Standort: Sonnig, hell, halbschattig. Verträgt keinen kalkhaltigen Boden!

Himalaya-Zeder
C. deodora
10–15 m hoch, mit elegant
überhängenden Zweigen und
langen, lebhaft grünen, weichen
Nadeln.

Lärchen
Larix
Nur für große Gärten und Parks
und waldähnliche Anlagen

Europäische Lärche
Larix decidua
25–30 m hoch. Waagrechte
oder elegant überhängende
Zweige.

Japanische Lärche
L. kaempferi
15–25 m hoch. Waagrechte
Äste mit blaugrünen Nadeln.

Japanische Hänge-Lärche
L. kaempferi 'Pendula'
Niedriger als die aufrecht wachsende Art, sehr langsam wachsend, deshalb auch für mittelgroße Gärten geeignet.
Standort: Sonnig bis halbschattig, kühl, feucht, gegen negative
Umwelteinflüsse empfindlich.
Alle Lärchen werfen im Herbst
die Nadeln ab.

Omorika-Fichte
Picea omorika
15 m hoch, durch das sehr
schmale, fast säulenartige
Wachstum auch für mittlere
Gärten geeignet.
Standort: Sonnig bis halbschat-
tig, robust.

Douglasie
Pseudotsuga menziesii var. *caesia*
Nur für große Gärten und
Parks: 6–8 m hoch, im Alter
25–30 m hoch, rasch wach-
send.
Standort: Sonnig bis halbschattig, sehr frosthart. Nicht für
innerstädtische Gärten.

Ziergehölze, die den Boden bedecken, ihn feucht halten und kein Unkraut aufkommen lassen

Es gibt Bodendecker, die neben diesen arbeitserleichternden und bodenpflegerischen Aufgaben auch für monatelanges Blühen sorgen: Eriken beispielsweise, aber auch Zwergspiräen und duftender Ginster.

Laubgehölze

Immergrüne Berberitzen
Berberis
Die immergrünen Zwergberberitzen eignen sich als Bodendekker, aber auch für niedrige Hekken, Einfassungen und große Pflanzkübel. Sie heißen: 'Amstelveen' (bis 1 m hoch), *Berberis buxifolia* 'Nana' (30 cm), *B. candidula* (60–100 cm), 'Verrucandi' (600–100 cm).
Blüte: April–Mai, gelb.
Standort: Sonnig bis halbschattig.
Pflege: Anspruchslos, vertragen jeden Schnitt.

Heidekraut, Besenheide
Calluna vulgaris-Kultursorten
Von der sommerblühenden Heide sind die Kultursorten interessant, die je nach Sorte 20–60 cm hoch werden, und von August–September blühen. Bei 'Annemarie', 'H.E. Beale'

und 'Peter Sparkes' erscheinen die Blüten von September–Oktober. Die Sorte 'Aurea' hat gelbe, im Winter bronzefarbene Blätter und 'Goldhaze' ganzjährig gelbe.
Standort: Sonnig bis halbschattig. Kein Kalk!
Pflege: Alle zwei Jahre leicht zurückschneiden.

Kriechmispel
Cotoneaster

Kriechmispel
C. × 'Cardinal'
30–40 cm hoch, 1 m breit, schöne Herbstfärbung, große,

weiße Blüten von Mai–Juni, rote Früchte; *C. dammeri* 'Eichholz', 25 cm hoch, 50 cm breit, kriechend, Blüte weiß von Mai–Juni, rote Früchte; *C. dammeri* 'Coral Beauty', 25 cm hoch, weiße Blüten im Juni, große, korallenrote, lange haftende Beeren; *C. dammeri* 'Radicans', 10 cm hoch, sehr flach wachsend, weißlich-rote Blüten von Mai–Juni, hellrote, sehr große Früchte; *C. dammeri* 'Streibs Findling', 10–15 cm hoch,

Fingersträucher (*Potentilla fruticosa*) gibt es mit weißen und gelben Blüten (oben).

Die Scheinbeere (*Gaultheria procumbens*) gehört zu den besonders wertvollen Bodendeckern (links).

30 cm breit, sehr langsam wachsend, weiße Blüten von Mai–Juni, rote Früchte; *C. salicifolius* 'Parkteppich', 30–40 cm hoch, weiße, große Blüten von Mai–Juni, hellrote Früchte.

Heide, Schneeheide

Erica-carnea-Hybriden
Niedriger, meist nur 20 cm hoher, teppichbildender und bodendeckender Kleinstrauch für Heidegärten und Pflanzgefäße.
Blüte: Sortenunterschiedliche Blütezeit und Blütenfarbe.

Erica carnea-Sorten
'Alba', weiß, Januar–April, 25 cm; 'Atrorubra', karminrot, März–Mai, 20 cm; 'Myretoun Ruby', leuchtend-rot, März–Mai, 15 cm; 'Snow Queen', reinweiß, Januar–April, 20 cm; 'Vivellii', violettrot, März–April, 20 cm; 'Winter Beauty', rosarot, Dezember–März, 15–20 cm.
Standort: Sonnig, sonnenabgewandt.
Pflege: Nach der Blüte leicht zurückschneiden. Kalkliebend und -verträglich.

Immergrüne Kriechspindel

Euonymus fortunei-Sorten
Kriechsträucher, die den Boden bedecken aber auch an rauh verputzten Wänden, Zäunen und anderen Gerüsten mit Haftwurzeln emporklettern. Blattfarbe und Wuchshöhe sind sortenunterschiedlich.

Eine Auswahl der schönsten Sorten (die Angaben über die Wuchshöhe beziehen sich auf das kriechende und das kletternde Wachstum): 'Coloratus', grün, 40 cm, 150 cm; 'Emerald Gaity' mit weißen Rändern, 20 cm, 100 cm; 'Emerald'n Gold', gelbbunt, 20 cm, 150 cm; 'Gracilis', mit silbrigem Rand, 20 cm, 150 cm; 'Minimus', grün, 15 cm, 50 cm; 'Radicans', grün, 20 cm, 200 cm; 'Vegetus', 60 cm, 300 cm.
Standort: Sonnig bis halbschattig.
Pflege: Wachsen lassen, nicht schneiden.

Scheinbeere

Gaultheria procumbens
Langsamwachsender, 10–20 cm hoher Zwergstrauch mit lederartigen Blättern, die sich im Herbst rötlich verfärben.

Blüte/Frucht: Kleine weißliche Blüten von Juni–August. Die roten, runden Beeren machen das Sträuchlein liebenswert.
Standort: Sonnig bis halbschattig.
Pflege: Kein Rückschnitt.

Ginster

Genista
Die »echten« Ginster sind bescheiden und von großem Lebenswillen. Sie alle werden nicht höher als 80 cm.

Steinginster

G. lydia
30–50 cm.
Blüte: Mai–Juni, gelb.

Pfeilginster

G. sagittalis
Goldgelb, wird 20–30 cm hoch und doppelt so breit.
Blüte: Juni–Juli.

Gefüllter Färber-Ginster

G. tinctoria 'Plena'
Erreicht auch nur eine Höhe von 30–50 cm; dieser kriechende Zwergstrauch hat auffallende, gefüllte, gelb bis orangefarbene Blüten von Juni–August.

Gemeiner Efeu

Hedera helix
Ohne Halt kriechend, bildet sofort Wurzeln und breitet sich schnell aus; mit Hilfe von Haftwurzeln bis 20 m hoch kletternd, sonst nur 20 cm hoch.
Blüte/Frucht: Grün-gelb im Oktober, schwarz-braune, kugelige Früchte im Jahr darauf.
Standort: Sonnig bis schattig.
Pflege: Schnitt nur, um Wachstum zu kontrollieren.

Heckenkirsche

Lonicera
Von Heckenkirschen gibt es aufrechtwachsende, bodenbedeckende und schlingende (siehe »Kletterpflanzen«) Arten. Die Aufrechten werden gern als Blütenhecken gepflanzt.
Die Bodendecker:
L. pileata, 40 cm hoch, 80–100 cm breit, niederliegend, Blüten und Früchte von Blättern verdeckt; *L. xylosteum* 'Clavey's Dwarf', bis 100 cm hoch, Blüten und Frucht unbedeutend.
Standort: Sonnig bis halbschattig.

Ein Hang voller rosafarbener, nur 40 cm hoher Zwergspieren (*Spiraea* 'Little Princess').

Pflege: Ständig auslichten, um abgestorbenes Holz zu entfernen. Reagiert empfindlich auf radikale Verjüngung.

Fingerstrauch

Potentilla-fruticosa-Sorten
Dichtbuschige, kleine, je nach Sorte 40–150 cm hohe Sträucher, die durch eine lange Blütezeit überraschen.
Blüte: Unaufhörlich von Juli bis Oktober. Blüht sofort nach der Pflanzung.
Standort: Sonnig bis halbschattig, robust, nur empfindlich gegenüber Hitze und Trockenheit. Kein Kalk!
Pflege: Regelmäßiges Auslichten und Rückschnitt nötig, fördert Blühwilligkeit.
Besonders empfehlenswerte Sorten:
P. 'Arbuscula' (60–80 cm hoch, Juni–September, hellgelbe Blüten); 'Farreri' (60–100 cm, dunkelgelb, Juni–September); 'Goldfinger' (1–2 m, zitronengelb, Juni–August); 'Hachmanns Gigant' (50–70 cm, goldgelb, Juni–September); 'Klondike' 100–200 cm hellgelb, Juni–August); 'Red Ace' (40–60 cm, innen rötlich, außen gelb, Juni–Juli).

Rosa Zwerg-Spiere

Spiraea 'Little Princess'
40 cm hoch, breit und flachwachsend, bodenaufliegend.
Blüte: Juli–Ende August, klein, zartrosa, in Dolden.
Standort: Sonnig bis sonnenabgewandt.
Pflege: Jährlich im Frühjahr stark zurückschneiden.

Nadelgehölze

Kriechwacholder

Juniperus communis 'Hornibrookii',
J. communis 'Repanda',
J. horizontalis 'Glauca',
J. sabina 'Tamariscifolia'
Alle 30 cm hoch, Polster bildend oder bodenaufliegend, je nach Sorte 1–1,5 m breit.
Standort: Sonnig bis halbschattig. Robust, vertragen mäßig trockene Böden.

Fächerwacholder

Microbiota decussata
20–30 cm hoch, 1–1,5 m breit, kriechend, immergrün, im Winter bräunliche Zweige.
Standort: Sonnig bis schattig, robust, trockenheitverträglich.

Kriechwacholder (*Juniperus communis* in Sorten) sind robuste Bodendecker für sonnige bis halbschattige Plätze.

Kriech-Kiefer

Pinus mugo pumilio
Kissenförmig, flach über dem Boden kriechend, 50–60 cm hoch, 80–100 cm breit.
Standort: Sonnig.

Kissen-Eibe

Taxus baccata
'Repandens'
30–50 cm hoch, 2–3 m breit, regelmäßiges Wachstum.
Standort: Sonnig bis schattig. Verlangt aber nicht unbedingt Schatten.

Ziergehölze für ungeschnittene und locker wachsende Blütenhecken

Solche freiwachsenden Blütensträucher können ein fester und besonders schöner Bestandteil des Gartens sein und erfüllen dabei eigentlich nur ganz nebenbei die Sichtschutzaufgaben einer Hecke. Man muß ihnen Platz lassen, damit die Schere nicht doch noch einschränkend eingreifen muß.

Felsenbirne

Amelanchier laevis
Wunderschöner, 2,5–3 m hoher, mehrstämmiger Blütenstrauch mit rotem Austrieb, orangefarbener Herbstfärbung. Gute Bienenweide. Die Art *A. lamarckii* wird 4 m hoch und hat kleinere Blüten.
Blüte/Frucht: April, weiß, hängende, bis 12 cm lange Trauben. Schwarzrote, eßbare Beeren.
Standort: Sonnig bis sonnenabgewandt.
Pflege: Schnitt nach der Blüte auf Auslichten beschränken.

Schmetterlingsstrauch

Buddleia davidii-Hybriden
Umschwärmt von Tag- und Nachtfaltern gehören diese, je nach Sorte 2–3 m hohen Sträucher in jeden Garten. Sie sind eine vorzügliche Nahrungsquelle für Insekten. Es gibt mehrere Sorten mit wunderschönen Blüten in den Farben weiß, rosa, purpurrot, dunkelviolett.

Blüte: Je nach Sorte von Juli bis Oktober. Duftend.
Standort: Sonnig bis sonnenabgewandt.
Pflege: Im Herbst die weichen Triebspitzen einkürzen, im Frühjahr alle letztjährigen Triebe tief zurückschneiden.

Hohe Scheinquitte

Chaenomeles lagenaria
2–3 m hoher Strauch mit leuchtendroten Blüten von März–April und gelbgrün-rötlichen, genießbaren Früchten ab August.
Standort: Sonnig bis sonnenabgewandt, kalkempfindlich, verträgt Trockenheit.
Pflege: Heckenschnitt möglich, gelegentlich auslichten.

Die Felsenbirne (*Amelanchier lamarckii*) ist ein Geschenk für jeden Garten.

Kornelkirsche

Cornus mas

5 m hoch, für freiwachsende und geschnittene Hecken, gelbe Herbstfärbung.

Blüte/Frucht: Sehr früh, März, grünlich-gelb, Blütenstrauch, Bienenweide. Rote Früchte erscheinen ab August in Massen und sind außerdem eßbar.

Standort: Sonnig bis halbschattig. Anspruchslos.

Pflege: Verträgt jeden Schnitt.

Immergrüne Frucht-mispel

Cotoneaster franchettii

1,5–2 m hoher Strauch mit lang überhängenden Zweigen.

Blüte//Frucht: Weiße bis rötliche Blüten ab Juni. Ab August leuchtend orange-rote, sehr schöne, lang haftende Beeren. Fruchtstrauch!

Hohe Blütenmispel

Cotoneaster multiflorus

2–3 m hoher, dicht geschlossener Strauch, sommergrün.

Blüte/Frucht: Weiße Blüten im Mai, leuchtend rote Früchte im Juli.

Standort: Sonnig bis halbschattig.

Pflege: Nur im Jugendstadium ist ein starker Rückschnitt möglich, später nur wenig schneiden.

Hoher Sternchenstrauch

Deutzia × magnifica

3 m hoher, wunderschöner, aufrecht wachsender Blütenstrauch.

Blüte: Reinweiß, in 12 cm langen Rispen.

Die hohe Scheinquitte (*Chaenomeles lagenaria*) hat hübsche Blüten, eßbare Früchte und dornige Triebe.

Standort: Sonnig bis absonnig. Verträgt keine Trockenheit, während der Blütezeit gießen.

Pflege: Alle 2–3 Jahre auslichten.

Goldglöckchen, Forsythie

Forsythia

Scheinbar unentbehrlicher, im März/April blühender Strauch, der weniger als Einzelstrauch, sondern als freiwachsendes oder geschnittenes Heckengehölz eingesetzt werden sollte. Höhe je nach Sorte 1–3 m.

Die schönsten Forsythien-Sorten:

'Beatrix Ferrand', dunkelgelb, 3 m hoch; 'Goldzauber', goldgelb, 1,5–2 m; 'Minigold', hellgelb, 1–1,5 m; 'Spring Glory', hellgelb, 2–3 m; 'Tetragold', tiefgelb, 1–1,5 m.

Standort: Prallsonne bis sonnenabgewandt.

Pflege: Alle 2–3 Jahre auslichten, ältere Pflanzen radikal verjüngen.

»Kletterpflanzen«) Arten. Die aufrechten werden gern als Blütenhecken gepflanzt.

L. ledebourii, 2–3 m hoch, breitbuschig wachsend. Gelbrote Blüten ab Mai.; *L. maackii,* 3–4 m hoch, schirmförmige Krone bildend, gelbe Herbstfärbung. Weißlichgelbe, in Massen erscheinende Blüten im Juni, rote Beeren, giftig; *L. tatarica,* 3–4 m hoch, treibt früh aus, aufrecht wachsend und breite

Ranunkelstrauch
Kerria japonica

1–1,5 m hoher, anspruchsloser Blütenstrauch, dessen Triebe alle 3 Jahre absterben und neuen Platz machen. Schöner als die Art ist *K. japonica* 'Plena', die schneller wächst und höher wird.
Blüte: Mai–Juli, bei 'Plena' gefüllt.
Standort: Prallsonne bis Halbschatten.
Pflege: Regelmäßig auslichten.

Kolkwitzie
Kolkwitzia amabilis
Reichverzweigter, 2–3 m hoher Strauch mit reichem Blütenflor. Sehr empfehlenswert.

Etwa 4 bis 6 Wochen blüht der Ranunkelstrauch (Kerria japonica 'Plena').

Sie fällt schon von weitem auf: die rosa Blütenpracht der Kolkwitzie.

Blüte: Juni, große rosafarbene Blütendolden.
Standort: Sonnig bis halbschattig.
Pflege: Vorsichtig auslichten, um den Flor nicht zu beeinträchtigen.

Heckenkirsche
Lonicera
Von Heckenkirschen gibt es aufrechtwachsende, bodenbedeckende und schlingende (siehe

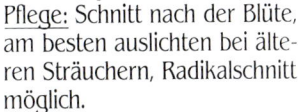

Büsche bildend, weiße bis rosa Blüten im Herbst, hellrote Früchte, giftig; *L. xylosteum,* 2,5 m hoch, langsamer und schwächer wachsend als *L. tatarica,* gelbe Blüten ab Mai. Früchte dunkelrot, giftig.
Standort: Sonnig bis halbschattig.
Pflege: Ständig auslichten, um abgestorbenes Holz zu entfernen. Vertragen sogar radikale Verjüngung.

Gartenjasmin Pfeifenstrauch,

Philadelphus
Blütenschöne, anspruchslose, je nach Art und Sorte 1–3 m hohe Sträucher.
Blüte: Weiß, einfach, halbgefüllt oder gefüllt, süß duftend, Mai–Juli.
Standort: Sonnig bis schattig (hier weniger blühfreudig), regelmäßig im Frühjahr düngen, sonst anspruchslos.

Pflege: Schnitt nach der Blüte, am besten auslichten bei älteren Sträuchern, Radikalschnitt möglich.
Besonders empfehlenswert: *P. coronarius* (einfache Blüten, 3 m); 'Erectus' (einfache Blüten, 1,5–2 m); *P. inodorus* var. *grandiflorus* (einfache Blüten, bis 4 m); 'Schneesturm' (gefüllte Blüten in dichten Trauben, Zweige elegant überhängend, 2–3 m, sehr schön); 'Virginal' (gefüllte Blüten, stark duftend, 2–3 m).

Fingerstrauch

Potentilla-fruticosa-Sorten
Dichtbuschige, kleine, je nach Sorte 40–150 cm hohe Sträucher, die durch eine lange Blütezeit überraschen. Für Hecken besonders geeignet: 'Goldfinger' (1,2–2 m), 'Klondike' (1–2 m), und die Stammform *P. fruticosa.*
Blüte: Unaufhörlich von Juli bis Oktober. Blüht sofort nach der Pflanzung.
Standort: Sonnig bis halbschattig, robust, nur empfindlich gegenüber Hitze und Trockenheit. Kein Kalk!
Pflege: Regelmäßiges Auslichten und Rückschnitt nötig, fördert Blühwilligkeit.

Blut-Johannisbeere

Ribes sanguineum 'Atrorubens' 1,5–2 m hoher, locker aufrecht wachsender Strauch. *R. sanguineum* 'King Edward III' wächst schwächer mit hellroten Blütentrauben.
Blüte/Frucht: Dunkelrote Blütentrauben ab April. Früchte nicht genießbar.

Standort: Hell aber absonnig, verträgt keine Trockenheit.
Pflege: Verjüngung alle 2–3 Jahre und Rückschnitt gleich nach der Blüte.

Spierstrauch

Spiraea

Mit ihren schneeweißen Blüten gehören die Spiersträucher, deren Zweige sich unter der Masse der Blüten zum Boden neigen, zu den unentbehrlichen Frühlingsblühern für freiwachsende Hecken und Einzelstand.

Braut-Spiere

S. × arguta

1,5–2 m hoch, aufrecht und langsam wachsend.
Blüte: April, weiß, auf vorjährigen Trieben sitzend, herrlich duftend.

Gefüllte Strauch-Spiere

S. prunifolia

2 m hoch, aufrecht wachsend, mit lang überhängenden Trieben.
Blüte: Weiß, gefüllt, von Mai–Juni. Auffallender Blütenstrauch.

Prachtspiere

S. × vanhouttei

2 m hoch mit bogig überhängenden Trieben.
Blüte: Mai–Juni, weiß, überreich.
Standort: Sonnig bis sonnenabgewandt.
Pflege: Regelmäßiges Verjüngen durch ständiges Auslichten.

Edelflieder

Syringa vulgaris-Veredlungen
Sie werden als Büsche und Halbstämme und in mehreren einfachen oder gefülltblühenden Sorten angeboten.
Blüte: Mai, duftend.
Die einfachen:
'Andenken an Ludwig Späth', dunkelpurpurrot; 'Primrose', primelgelb.
Die gefüllten:
'Charles Joly', purpurrosa mit hellen Blütenzipfeln; 'Katharina Havemeyer', lila bis purpurrosa, halb-dichtgefüllt; 'Michael Buchner', lila, weißes Auge; 'Mme. Lemoine', reinweiß; 'Mrs. Edward Harding', purpurrot bis purpurrosa.
Standort: Sonnig, hell, auch sonnenabgewandt, nie im Halbschatten oder Schatten. Lockerer, humusreicher Boden erwünscht.
Pflege: Schnitt nach der Blüte, nur auslichten; unten kahl

Die Prachtspiere (*Spiraea × vanhouttei*) mit elegant überhängenden Zweigen.

gewordene Sträucher stark zurückschneiden, vertragen Verjüngung.

Chinesischer Flieder
S. × chinensis
3 m hoher, dichtbuschiger Strauch mit locker überhängenden Zweigen.
Blüte: Lila, duftend, von Mai–Juli. Die schwächer wachsende Sorte 'Saugeana' (2 m) hat noch schönere tieflilarote Blüten.
Standort: Hell, keine pralle Sonne, empfindlich gegen Trockenheit.
Pflege: Möglichst nicht schneiden. Ein radikaler Verjüngungsschnitt ist allerdings möglich. Alles Abgeblühte sorgfältig entfernen.

Echter Schneeball
Viburnum opulus 'Roseum'
Der beliebte »echte« Schneeball, 3–4 m hoch, dicht verzweigt.
Blüte: Mai/Juni, kugelrunde, dichtgefüllte, schneeballartige Blütenstände.
Standort: Sonnig, aber keine Prallsonne, auch sonnenabgewandt und halbschattig.
Pflege: Regelmäßiges Auslichten zu empfehlen.

Japanischer Schneeball
V. plicatum
2–2,5 m hoher, locker aufrecht, mehr breit als hoch wachsender Strauch.
Blüte: Weiß von Mai–Juni, oft 4 Wochen lang anhaltend.
Standort: Sonnig bis halbschattig.
Pflege: Schnitt nicht nötig, nur krankes Holz entfernen.

Weigelie
Weigela-Hybriden
Bei den Weigelien stehen die Hybriden wegen ihrer prächtigen Blüten im Vordergrund. Die breitbuschigen Sträucher werden 1,5–3 m hoch. Die Sorten: 'Bristol Ruby', karminrot (Mai–Juni); 'Eva Rathke', karminrot (Juni–August), 'Newport Red', tiefrot (Juni–Juli); 'Styriaca', karminrosa (Mai–Juni).
Standort: Sonnig bis halbschattig.
Pflege: Auslichten nur alle 2–3 Jahre, auch radikaler Rückschnitt möglich.

Ein bißchen nostalgisch: der »echte« Schneeball (*Viburnum opulus* 'Roseum'), mit seinen schneeballartigen Blütenständen.

Flieder steht in dem Ruf, besonders genügsam zu sein. Das sollte uns nicht davon abhalten, die Sträucher regelmäßig zu düngen: Im Frühjahr mit Kompost und ab Juli mit einem organisch-mineralischen Volldünger, etwa 70–80 g/m².

Nadelgehölze, die wie Säulen wachsen

Sie sind immer etwas Besonderes und sollten deshalb nicht unter oder zwischen höherwachsenden Gehölzen verschwinden. Sie verlangen den Einzelstand, passen gut zwischen Rosen, Wildstauden und Gräser, in Heidegärten und auch in größere Tröge.

Zypresse
Cupressus

Blaue Heckenzypresse
C. lawsoniana 'Alumii'
Bildet 5–7 m hohe Säulen, stahlblaue Nadeln, als Heckenpflanze geeignet.

Standort: Anspruchslos, mäßig trocken bis freucht. Sonnig, hell, halbschattig.

Blaue Säulenzypresse
C. lawsoniana 'Columnaris Glauca'
Säulen schmaler als 'Alumii', straff aufrecht, silbergraue Nadeln. Als Hecke zu schade.
Standort: Sonnig, hell, halbschattig, im Winter gegen kalte Ostwinde schützen.

Blaue Kegelzypresse
C. lawsoniana 'Elwoodii'
Säulen breiter und lockerer, 2–3 m. Stahlblaue Nadeln.
Standort: Wie 'Alumii'.

Wacholder
Juniperus

Grüner Zypressen-Wacholder
J. chinensis 'Keteleerii'
1,5–2 m hoch, nach 15 Jahren höher, bildet lockere Säulen.
Standort: Alle Gartenböden geeignet. Sonnig bis Schatten, robust.

Irischer Säulen-Wacholder
J. communis 'Hibernica'
3–4 m hohe Säulen, blau-graue Nadeln. Etwas höher wird *J. communis* 'Suecica'.
Standort: Sonnig bis sonnenabgewandt. Anspruchslos.

Heide-Wacholder
J. communis 'Meyer'
3–4 m hohe Säulen mit locker überhängenden Zweigen. Blaugrüne bis silbrige Nadeln.
Standort: Wie 'Hibernica'.

Raketen-Wacholder
J. virginiana 'Skyrocket'
Schnellwachsend, nur 60 cm breit aber bis 8 m hohe Säulen.
Standort: Sonnig bis sonnenabgewandt.

Säulen-Kiefer
Pinus silvestris 'Fastigiata'
Säulenbaum, 0,6 m breit und 3–4 m hoch, stahlblaue Nadeln.
Standort: Sonnig, hell, verträgt Kalk und Trockenheit.

Säulen-Wacholder (*Juniperus communis* 'Hibernica').

Eine der schönsten Nadel-
gehölze: Die Nutka-Zypresse
(*Chamaecyparis nootkatensis*
'Pendula').

Eibe
Taxus

Säulen-Eibe
T. baccata 'Fastigiata'
Bildet schmale Säulen, bis 3 m
hoch.

Gelbe Säulen-Eibe
T. baccata 'Fastigiata Aureo-
marginata'
Mit goldgelb gerandeten, später
hellgrünen Nadeln, Wuchs langsamer als 'Fastigiata', bis 2 m
hoch.

Schmale Säulen-Eibe
T. baccata 'Fastigiata Robusta'
Wuchs straffer als *T. baccata*
'Fastigiata', Nadeln heller grün.

Kegel-Eibe
T. baccata 'Overeynderi'
Langsamer und kegelförmig
wachsend, auch Heckenpflanze,
3–5 m hoch.

Becher-Eibe
T. media 'Hicksii'
Dicht verzweigt, lockere Säulen
bildend, sehr langsam wachsend, 1–1,5 m hoch.
Standort: Sonnig bis schattig,
kalkliebend, robust. Schattenplatz nicht nötig.

Säulen-Lebensbaum
T. occidentalis 'Columna'
Schmaler und dichter wach-
send, schöne dunkelgrüne
Nadelfarbe.
Standort: Sonnig bis halbschat-
tig.

Nadelgehölze für Balkonkästen und andere kleine Pflanzgefäße

Zwergkoniferen sorgen mit dem Blaugrün oder dem Goldgelb ihrer Nadeln auch im Winter für Farbe in blütenlosen Pflanzgefäßen. Zu den anderen Jahreszeiten sind sie attraktive Begleiter von Winter- und Frühlingsblühern wie Schneeglöckchen, Krokussen, frühen Tulpen, Tausendschön und Stiefmütterchen.

Zypressen
Cupressus

Muschelzypresse
C. obtusa 'Nana Gracilis'
Langsamwachsend, mit muschelförmig gedrehten Zweigen. 1–2 m hoch.
<u>Standort:</u> Hell bis halbschattig, pralle Sonne unerwünscht.

Kleine Silberzypresse
C. pisifera 'Boulevard'
Kleiner, 3–5 m hoher Baum, mit silbergrauen Nadeln.
<u>Standort:</u> Hell bis halbschattig, pralle Sonne unerwünscht.

Fadenzypresse
C. pisifera 'Filifera Nana'
Buschiger Strauch mit fadenförmigen Zweigen, deren Spitzen überhängen. *C. pisifera* 'Filifera Nana Aurea' mit gelben Nadeln. Wuchs breiter.
<u>Standort:</u> Hell, halbschattig, keine Sonne.

Wacholder
Juniperus

Grüner Strauch-Wacholder
J. chinensis 'Mint Julep'
Locker wachsend, bis 3 m breit, etwa 1 m hoch, kriechend. Die Sorte 'Old Gold' flacher und langsamer wachsend, bronzegelbe Nadeln, 1,5–2 m breit.
<u>Standort:</u> Für alle Gartenböden, sonnig bis schattig. Robust.

Blaue Kriech- und Zwergwacholder
J. squamata 'Blue Carpet'
50 cm hoch, 1,5 m breit, blaugrüne Nadeln; *J. squamata* 'Blue Star', 70–90 cm hoch, 1,5 m breit, silbrig blaue Nadeln.
<u>Standort:</u> Sonnig bis halbschattig. Robust, für alle Gartenböden.

Fichten
Picea

Gnomenfichte
P. abies 'Pygmaea'
Etwa 1,5 m hohe, kugelige Zwergform, grüne Nadeln.
<u>Standort:</u> Wie *P. abies* 'Echiniformis'.

Igel-Fichte
P. abies 'Echiniformis'
Kissenbildend, 30–50 cm hoch, 80–100 cm breit.
Standort: Sonnig bis halbschattig, liebt nährstoffreiche, eher feuchte als trockene Böden.

Blaue Igel-Fichte
P. glauca 'Echiniformis'
Sehr langsam wachsend, 40–50 cm hoch, blaugrüne Nadeln.
Standort: Sonnig bis halbschattig, kühler und feuchter Platz bevorzugt.

Kiefern
Pinus

Kugel-Kiefer
P. mugo 'Mops'
Kissenförmig wachsend, 30–40 cm hoch, 50–60 cm breit.
Standort: Sonnig, hell, nicht in den Schatten, verträgt Kalk.

Kriech-Kiefer
P. mugo pumilio
Kissenförmig, flach über dem boden kriechend, 50–60 cm hoch, 80–100 cm breit.
Standort: Wie *P. mugo* 'Mops'.

Kissen-Hemlock
T. canadensis 'Nana'
Zwergform, 30–40 cm hoch, 50–80 cm breit, nach 15 Jahren größer und breiter.
Standort: Sonnig bis halbschattig.

Nadelgehölze sorgen nicht nur im Garten für Grün rund ums Jahr, in Töpfen und Kübeln schmücken sie auch Balkon und Terrasse.

Klettergehölze

Klettergehölze verwandeln auch den kleinsten Garten in ein wahres Blütenparadies. Weil sie in die Höhe wachsen und deshalb wenig Platz beanspruchen und weil sie Pergolen, Laubengänge, Zäune und vor allem kahle Häuserwände in »vertikale Gärten« verwandeln. So verbinden Kletterpflanzen Haus und Garten zu einer natürlichen Einheit. Diese Lianen bringen die Natur ganz nah heran: vom Laubaustrieb im Frühling, der Blütezeit im Sommer bis hin zur Fruchtbildung und Laubfärbung im Herbst, und mit dem Besuch von Schmetterlingen und Singvögeln rund ums Jahr.
Kletterpflanzen können, flächendeckend verwendet, außerdem zu einem wirksamen Schutz vor Sonne, Wind und Regen werden und damit helfen, die Bausubstanz zu erhalten. Und sie helfen außerdem, die Fassade zu klimatisieren: Denn das Luftpolster zwischen Wand und Blattwerk kühlt im Sommer und hält im Winter warm.
Trotz all dieser Vorteile, die eine Fassadenbepflanzung bietet, ist sie anspruchslos und braucht nur wenige handbreit Boden, um üppig zu gedeihen. Gelegentlich bestehen aber auch Vorbehalte gegen die Wandbegrünung: Mancher Hausbesitzer befürchtet, daß der Putz durch die Pflanzen beschädigt werden könnte.
Aus langjähriger Beobachtung

und Erfahrung weiß man aber, daß bautechnisch intakte Wände oder Putzflächen im allgemeinen von Kletterpflanzen nicht beschädigt werden. Vorsicht geboten ist lediglich bei kunststoffbeschichteten Fassaden, wenn dort selbstkletternde Pflanzen verwendet werden sollen. Solche Oberflächenbeschichtungen sind nur von begrenzter Lebensdauer, und eventuell notwendige Überholungsbeschichtungen können dann durch selbstkletternde Pflanzen erschwert werden. Im Zweifel empfiehlt es sich in diesem Fall, auf selbstkletternde Pflanzen wie zum Beispiel Efeu zu verzichten. Alle übrigen Pflanzen jedoch, die ein Gerüst als Kletterhilfe benötigen, können auch bei kunststoffbeschichteten Fassaden unbedenklich eingesetzt werden. Wichtig zu wissen: Nicht alle Kletterpflanzen können sich selbst festhalten, sondern brauchen eine Stütze. Holzspaliere zum Beispiel in quadratischem Raster oder Scherengitter. Am besten eignen sich solche Gitter aus Kiefern, Lärchen und anderen Harthölzern, die mit einem pflanzenverträglichen Mittel wetterfest gemacht werden.

Bietet im Herbst eine Farbenpracht von einmaliger Schönheit: Der Wilde Wein (*Parthenocissus quinquefolia*).

Man kann auch Spanndrähte verwenden, die einfach durch Schlaufen gezogen werden. Zu empfehlen sind auch fertige Klettergerüste, die entweder senkrecht, waagerecht oder strahlenförmig an der Häuserwand angebracht werden. Bewährt haben sich auch verzinkte oder kunststoffumman-

telte Drahtmatten, denen der Rost nichts anhaben kann. Alle diese Kletterhilfen befestigt man mit Dübeln und Schrauben oder Haken an der Wand.

An Holzgerüsten und Pergolen ist es kein Problem, die Ranken festzubinden, notfalls kann ein Nagel für Unterstützung sorgen. An Metallstangen rutschen die Triebe dagegen gelegentlich ab. Dann empfiehlt es sich, zusätzlich noch ein Kletterseil (zum Beispiel einen Kokosstrick) anzubringen, damit die jungen Triebe sicher nach oben wachsen können.

Das gilt vor allem für freistehende Klettergerüste wie Säulen, Pyramiden, Laubengänge oder Torbögen, die auch fix und fertig im Handel erhältlich sind. Mit ihnen wird der Verwendungszweck der Lianen noch viel größer.

Entsprechend ihrer Klettertechnik werden die Gehölze in vier Gruppen eingeteilt:

1. Rankpflanzen, die Stützen auf einen Berührungsreiz hin umwickeln; zu ihnen zählen *Clematis* sowie Wilder Wein. Als Kletterhilfen eignen sich vor allem Gitter, Netze und Spaliere.

2. Schlingpflanzen, wie zum Beispiel Jelängerjelieber und Schlingknöterich, umwinden mit Stengeln und Trieben spiralförmig ihre Stütze; für sie eignen sich als Kletterhilfen vor allem vertikal ausgerichtete Spaliere.

3. Spreizklimmer suchen Halt mit langen, meist mit Dornen oder Stacheln versehenen Trieben. Sie wollen Kletterhilfen mit vielen waagerechten Sprossen,

an die sie aufgesteckt oder angebunden werden müssen. Bekannte Spreizklimmer sind zum Beispiel Kletterrosen oder Winterjasmin.

4. Selbstklimmer halten sich mit Haftwurzeln oder Haftscheiben direkt auf der Unterlage fest und brauchen daher im allgemeinen keine baulichen Kletterhilfen. Zu dieser Gruppe zählen Efeu und einige Arten und Sorten von Wildem Wein.

Gelber Strahlengriffel

Actinidia arguta
Breiter, stark windender Strauch mit 5 m langen Trieben. Sehenswerte gelbe Herbstfärbung der Blätter. Für Pergolen, Lauben. Kletterhilfe nötig.
Blüte: Weiß, duftende, im Laub versteckte Dolden von Mai bis Juni.
Frucht: Süßsaure, genießbare Beeren mit hohem Vitamin-C-Gehalt.

Standort: Sonnig, warm.
Pflege: Nur Jungtriebe zurückschneiden.

Pfeifenwinde, Osterluzei

Aristolochia macrophylla
Starkwachsend, selbstkletternd, 6–10 m lange Triebe. Für Pergolen, Baumstämme, Hauswände. Stützdraht als Kletterhilfe.
Blüte: Pfeifenartig, gelbgrün mit rotbraunen Adern, innen purpurbraun, bis 30 cm groß (!), von Juni bis August.
Standort: Schattig bis sonnig, feucht.
Pflege: Verträgt auch radikalen Rückschnitt.

Trompetenblume

Campsis radicans und 'Mme. Galen'
Mit Haftwurzeln kletternder, 7–9 m hoher Schlinger, für Mauern, Pergolen und Bäume. 'Mme. Galen' besitzt 40 cm große, hübsch gezeichnete Blätter.
Blüte: Einzelblüten sind bei 'Mme. Galen' größer als bei *C. radicans*, orangefarben, von Juni bis September.
Standort: Warm, sonnig, Wurzeln im Schatten (Bodendecker).
Pflege: Im Spätsommer zurückschneiden. Nach dem Pflanzen für Kletterhilfe sorgen.

Wirken am »Rosenbogen« besonders schön: Die großblumigen Clematis.

Baumwürger
Celastrus orbiculatus
Bis 10 m hoher Schlinger für Pergolen. Nicht an Bäume pflanzen (Name!). Gelbe Herbstfärbung der Blätter.
Blüte: Unscheinbar.
Früchte: Wunderschön, gelb und scharlachrot, giftig.
Standort: Anspruchslos, sonnig bis schattig.
Pflege: Rückschnitt nach Bedarf.

Clematis
Großblumige Clematis-Hybriden
Kletterpflanzen mit herrlichen, je nach Sorte weißen, blauen, rosa, roten, dunkelvioletten oder rosa-rot gestreiften Blüten. Das Höhenwachstum ist sortenunterschiedlich, es reicht von 2–4 m. Clematis blühen an Pergolen, Zäunen, Spalieren oder an Spanndrähten.
Blüte: Sortenunterschiedliche Blütezeit von Mai/Juni ('Lasurstern') bis August/Oktober ('Lady Betty Balfour').
Standort: Der obere Teil der Triebe verträgt Sonne wie Halbschatten. Nicht an die Südseite des Hauses pflanzen, auch nicht direkt an die Hauswand, weil es dort zu trocken ist. Aber auch Tropfenfall von der Dachrinne vermeiden. Wurzelbereich um die Pflanzen mit Bodendeckern (Efeu, Zwergmispel) schattig, kühl und feucht halten. Auch große Steine sind möglich.
Pflege: Tief pflanzen, deshalb zweispatentiefe Grube ausheben, mit Laub, Kompost, nahrhaftem Gartenboden und Düngekalk füllen. Keinen Torf! Den Wurzelhals 5–10 cm tief

mit Erde bedecken, damit die Augen nicht vertrocknen. Alle im Sommer an einjährigen Trieben blühenden Sorten im zeitigen Frühjahr bis auf 60 cm zurückschneiden. Zu den Sommerblühern gehören z. B. 'Jackmanii', 'Gipsy Queen', 'Nelly Moser', 'Ernest Markham', 'Lady Betty Balfour' und 'Ville de Lyon'.
Die Frühjahrsblüher wie 'Lasurstern', 'Mme. Le Coultre', 'Rouge Cardinal' und *C. montana* 'Rubens' werden dagegen im Februar/März nur ausgelichtet und von den Fruchtansätzen befreit. Jeder zusätzliche Schnitt kostet Blüten!

Bergrebe
C. montana
Raschwüchsiger, 5–8 m hoher, über und über blühender Kletterstrauch. Drei Sorten: 'Rubens' (rosarot), 'Superba' (weiß), 'Tetarose' (lilarosa).
Blüte: Von Mai bis Juni erscheinen die kleinen bis mittelgroßen hübschen Blütchen in großer Fülle.

Clematis-Freunde finden in Gartenfachgeschäften zahlreiche Sorten in unterschiedlichen Blütenformen und Farben.

Standort: wie *Clematis*-Hybriden.
Pflege: Siehe *Clematis*-Hybriden, dazu Schnitt wie frühlingsblühende Hybriden.

Weitere Clematis-Arten
Diese Waldreben besitzen meist kleinere Blüten, erfreuen aber durch reizvolle Blütenstände. Für Liebhaber nicht alltäglicher Pflanzen und Freunde naturnaher Gartenpartien.

Alpen-Waldrebe
C. alpina
Nur 2 m hoch. Hängende, violettrote Blüten von April bis Juni. Fedrige Fruchtstände. Standort wie Hybriden, nicht anspruchsvoll an den Boden. Vor dem Austrieb kann ein radikaler Rückschnitt vorgenommen werden.

Die Gold-Waldrebe (*Clematis tangutica*) gehört zu den reizvollsten.

Oktober-Waldrebe

C. paniculata
Bis 5 m hoch. Weiße, duftende, große Blüten von September bis Oktober. Für Rankgerüste und Häuserwände. Standort wie *Clematis*-Hybriden. Rückschnitt vor dem Austrieb auf 60 cm Höhe zu empfehlen.

Gold-Waldrebe

C. tangutica
Bis 3 m hoch. Gelbe, glockenförmige Blüten von Juni bis zum Herbst; lange Blütezeit. Sehr schöne silbrig glänzende Fruchtstände im Herbst. Standort und Pflege wie *Clematis*-Hybriden.

Gemeine Waldrebe

C. vitalba
Bis 8 m hoch. Weiße, leicht duftende Blüten von Juli bis Oktober; lange Blütezeit! Silbrige Fruchtstände. In alten Bäumen oder dunklen Koniferen klettern lassen. Standort wie *Clematis*-Hybriden, aber nicht so anspruchsvoll an den Boden. Rückschnitt vor dem Austrieb auf 60 cm möglich.

Italienische Waldrebe

C. viticella
Etwa 3–4 m hoch. Sehr schöne, rotviolette Blüten von Juni bis August. Silbrige Fruchtstände. Für Pergolen, Spaliere, Rankgerüste. Standort wie *Clematis*-Hybriden, anspruchsloser an den Boden. Rückschnitt vor dem Austrieb auf 60 cm möglich.

Efeu

Hedera helix
Über 10 m hoch, mit Hilfe von Haftwurzeln kletternd oder 20 cm hoher Bodendecker. Immergrün. Für Mauern, alte Bäume, für Nordseite des Hauses.
Blüte/Frucht: Nach 10 Jahren erscheinen die ersten Blüten. Im Frühjahr nach der Blüte schwarzblaue kleine Kugeln.
Standort: Humusreiche, nicht zu arme Böden. Sonne bis Schatten.
Pflege: Verträgt jeden Schnitt.

Großblättriger Efeu

H. hibernica
Unterscheidet sich von *H. helix* durch schnelleres Wachstum und größere Blätter. Kaum Früchte. Sonst wie Stammform.

Gelbbunter Efeu

H. helix 'Goldheart'
Sehr schöne, gelbbunte, etwas kleinere Blätter als bei *H. helix*. Sonst wie Stammform.

Kletterhortensie

Hydrangea petiolaris
Wunderschöner Kletterstrauch mit rotbraunen Trieben. Bis 10 m hoch. Selbsthaftend. Für Mauern, Pergolen, Häuserwände.
Blüte: Große, weiße, lockere Dolden von Juni bis Juli.

Standort: Nahrhafte, feuchte, sandige Böden, in Halbschatten bis Schatten.
Pflege: Rückschnitt im Nachwinter fördert die Blütengröße. Radikaler Rückschnitt ist möglich.

Winterjasmin
Jasminum nudiflorum
Bis 2 m hoher Spreizklimmer mit schlanken, grünen Ruten, die an Gerüste angebunden werden müssen. Können auch von Mauerkronen herabhängen.
Tip: Zwischen blattlose Sträucher pflanzen, die dem »Jasmin« Halt geben.
Blüte: Gelb, primelartig, erscheinen oft schon um Weihnachten, sonst Februar bis April.
Standort: Kalkliebend, auch für magere Böden. Anspruchslos.
Pflege: Auslichten, falls sie zu sehr durcheinander wachsen. Vertragen auch stärkeren Rückschnitt.

Geißblatt
Lonicera

Jelängerjelieber
L. caprifolium
Kräftig wachsend, 3–5 m hoch. Für Pergolen, Zäune und kahle Bäume.
Blüte/Frucht: Reichblühend, von Mai bis Juni, gelblich-weiß, außen gerötet. Korallenrote Beeren, giftig!

Auch kletternde *Lonicera*-Arten eignen sich für eine attraktive Berankung von Bögen.

Standort: Feuchter, kalkhaltiger Boden und schattiger Platz erwünscht.
Pflege: Verjüngungsschnitt zu empfehlen.

Rote Geißschlinge
L. 'Dropmore Scarlet'
Bis 3 m hoher, raschwüchsiger schöner Schlingstrauch für Per-

golen, Mauerkronen und auch Terrassen.
Blüte/Frucht: Fortlaufend von Juni bis Herbst blühend, orangerot. Früchte giftig!
Standort: Sonnig, feuchter Boden erwünscht, sonst anspruchslos.
Pflege: Auslichten, falls die Triebe durcheinander wachsen.

Feuer-Geißschlinge
L. × heckrottii
Etwa 3–4 m hohes, sehr schönes Schlinggehölz für Pergolen, Rankgerüste und Zäune.
<u>Blüte/Frucht:</u> Zuerst rot, später rot-gelb, reich- und langblühend von Juni bis Herbst. Stark duftend. Früchte giftig!
<u>Standort und Pflege:</u> Wie 'Dropmore Scarlet'.

Die blütenschöne Geißschlinge (**Lonicera heckrottii**, oben).

Glyzinen (**Wisteria sinensis**) sollten in keinem Garten fehlen.

Immergrüne Geißschlinge
L. henryi
Bis 5 m hoher, immergrüner Schlingstrauch für Pergolen, Klettergerüste, auch für alte Bäume.

Blüte/Frucht: Gelb bis rot, Juni bis August, unscheinbar. Früchte schwärzlich-purpur, giftig!
Standort: Nahrhafter Boden. Für Sonne, Halbschatten und Schatten.
Pflege: Auslichten bzw. Rückschnitt, wenn notwendig.

Gold-Geißschlinge
L. × tellmanniana
Bis 5 m hoher, starkwachsender, sehr schöner Schlingstrauch für Pergolen und Klettergerüste.
Blüte/Frucht: Orangegelb, duftend, sehr reichblühend von Mai bis Juli. Hellrote Früchte, giftig!
Standort: Sonnig, nahrhafter Boden.
Pflege: Auslichten bzw. Rückschnitt, wenn notwendig.

Wein
Parthenocissus

Wilder Wein
P. quinquefolia
Bis 10 m und höher, selbstkletternder Strauch mit leuchtend scharlachroter Herbstfärbung. Für Mauern, Häuserwände und hohe, ältere Bäume. Die Sorte 'Engelmannii' hat zierliche Blätter, sonst wie die Stammform.
Blüte/Frucht: Unscheinbar.
Standort: Anspruchslos, für Sonne und Halbschatten.
Pflege: Jeder Rückschnitt möglich.

P. tricuspidata 'Veitchii'
Besonders raschwachsend und am Mauerwerk fest anliegend. Hält sich durch Haftscheiben besonders fest. Herbstfärbung der Blätter orangegelb bis scharlachrot. Sonst wie *P. quinquiefolia*.

Schlingknöterich
Polygonum aubertii
Besonders raschwachsender, oft zu sehr wuchender, über 10 m hoher Schlinger. Zum Begrünen von Mauern, Pergolen, Laubengängen, großen Bäumen.
Blüte: weiße Blütenrispen von September bis Oktober.
Standort: Völlig anspruchslos, für Sonne und Halbschatten.
Pflege: Jährlicher Rückschnitt zu empfehlen. Braucht Kletterhilfe.

Blauregen, Glyzine
Wisteria sinensis
Wunderschöner, starkwachsender Strauch mit tauartigen bis zu 10 m langen Trieben. Besonders schön an der Hauswand und an Pergolen. Braucht Gerüst, Spanndraht oder eine andere Kletterhilfe. Achtung: Alle Pflanzenteile sind giftig!
Blüte: Hellblau, in 30 cm langen Trauben, von April bis Mai, zart duftend.
Standort: Sonnige, geschützte Lage erwünscht, genauso wie ein nährstoffreicher, nie trockener Boden.
Pflege: Manche Pflanzen blühen erst nach Jahren. Blühen sie auch dann nicht, handelt es sich um einen Sämling, von denen man keine Blüte erwarten kann; deshalb ausgraben. Wichtig: Die langen, diesjährigen Seitentriebe kurz zurückschneiden (Blühholz), vorteilhaft gleich nach der Blüte.

71

Die schönsten Hecken

Wer sich zu seinem Nachbarn abgrenzen will, schaffe sich eine Gartenwand aus lebenden Pflanzen. Sie übernehmen den Sichtschutz und halten den Lärm und Staub der Straße fern. An windgefährdeten Plätzen verbessern sie das Kleinklima und verlängern die Zeit des Wohnens im Garten. Gegen Norden und Osten können Hecken aus Hainbuchen, Liguster, Feldahorn und andere den kalten Wind abhalten.

Im Schutz der Hecken finden viele freibrütende Singvögel Nistgelegenheiten. Wer eine Hecke pflanzt, sollte an Vogelschutzgehölze denken.

Die meisten Heckensträucher haben die Eigenschaft, bei fortgesetztem Schnitt immer dichter zu werden. Dabei kommen die geschnittenen Heckenwände mit einer Breite aus, die etwa einem Drittel ihrer Höhe entspricht. Es gibt da so ein paar Faustregeln. Etwa 25 cm sollten die Hecken mindestens breit sein. Am schmalsten lassen sich Hainbuchen halten. Buchen, Weißdorn und Liguster brauchen eher 30–35 cm. Die gleiche Breite und vielleicht noch etwas mehr gönne man dem Feldahorn, der Kornelkirsche und der Stechpalme. Mehr Platz brauchen Hecken aus Lebensbäumen und Scheinzypressen. Wer eine Fichtenhecke pflanzen will, sollte 1 m Breite einkalkulieren.

Die Pflanzung

Bei der Heckenpflanzung ist eine gute Bodenvorbereitung von besonderer Bedeutung. Wer ganz auf Nummer sicher gehen will, hebe für die künftige Hecke einen Graben aus (mindestens 1 m von der Grenze!) und fülle diesen mit nährstoffreicher und lockerer Erde, zum Beispiel mit abgelagerter Komposterde, die mit Horn- und Knochenmehl vermischt wird. Wer es sich einfacher machen will und einen guten Boden besitzt, kann 2 Spatenstiche tief umgraben und auf die Oberschicht die genannte Humus-Düngermischung ausstreuen und leicht einhacken. Es empfiehlt sich, die solcherart vorbereitete Fläche 8 Tage feucht zu halten und dann erst zu pflanzen.

Vor dem Pflanzen werden bei Ballenpflanzen die Verknotung der Balltücher aufgeschnitten oder der Container entfernt und bei »nackten« Heckengehölzen die Wurzeln etwas zurückgeschnitten. Man setze die Pflanzen so dicht, daß sie sich leicht

Diese geschnittene Hecke am Straßenrand schützt vor Staub, Lärm und neugierigen Blicken.

berühren. Wir pflanzen im Garten einreihig. Zweireihige Pflanzungen empfehlen sich nur bei Hainbuchen und Liguster. Bequem pflanzt es sich mit zwei Personen: Einer hält die Sträucher fest und rüttelt sie beim Einfüllen der Erde, was der andere besorgt, leicht hin und her, damit sich die Erde fest an die Wurzeln legt. Dann wird die Erde festgetreten und angegossen. Es hat sich bewährt, entlang einer Schnur zu pflanzen.

Eine Fichtenhecke wirkt weniger abweisend, wenn Blütenpflanzen vorgepflanzt werden.

Wieviel Sträucher braucht man für den laufenden Meter Hecke?

Feldahorn, *Acer campestre*, 3–5 Pflanzen.
Hecken-Berberitze, *Berberis thunbergii*, 3–5 Pflanzen.
Hainbuche, *Carpinus betulus*, 3–5 Pflanzen.
Zierquitte, *Chaenomeles japonica*, 4–7 Pflanzen.
Kornelkirsche, *Cornus mas*, 3–5 Pflanzen.
Weißdorn, *Crataegus monogyna*, 3–5 Pflanzen.
Rotbuche, *Fagus silvatica*, 3–5 Pflanzen.

Liguster, *Ligustrum*-Arten, 4–5 Pflanzen.
Mahonie, *Mahonia aquifolium*, 4–5 Pflanzen.
Fingerstrauch, *Potentilla fruticosa*, 4–5 Pflanzen. (Formschnitt zu empfehlen)
Feuerdorn, *Pyracantha coccinea*, 5–6 Pflanzen.
Alpenbeere, *Ribes alpinum* 'Schmidt', 3–5 Pflanzen.
Prachtspiere, *Spiraea × vanhouttei*, 3–5 Pflanzen.

Freiwachsende Blütenhecken

Wer genug Platz hat, kann statt einer streng (und schmal)

geschnittenen grünen Hecke auch blühende Sträucher pflanzen, die zwar auch geschnitten werden müssen, aber trotzdem ihre natürliche Form behalten. Hier kommt man mit 2–3 Pflanzen je Meter aus.

Zu empfehlen ist eine vorherige Absprache mit dem Nachbarn, der gegen blühende Gehölze eigentlich nichts einwenden kann.

Solche Blütenhecken eignen sich als Abpflanzung zur Straße, rund um die Terrasse oder einen anderen, allzu freien Sitzplatz.

Nadelgehölze als Heckenpflanzen

Die reiche Verzweigung der Nadelgehölze sorgt dafür, daß Singvögel ungestört und sicher nisten können. Das gilt zum Beispiel für den Lebensbaum, der höher als 2 m werden kann. Neben dem »einfachen« sind auch mehr kegelförmig wachsende Arten und Sorten zu haben. Zu empfehlen: 2–3 Pflanzen je Meter. Man kann sie genauso schneiden wie laubabwerfende Heckenpflanzen.

Schattenverträglich ist die in unseren Wäldern heimische Eibe, die durch ihr geschlossenes Wachstum und die dunkelgrünen Nadeln auffällt. Schnittmaßnahmen – gleich welcher Art – stören das Aussehen der Eibe nicht. Es genügen für diese breitwachsenden Nadelgehölze 2 Pflanzen je Meter.

Als hochwachsende Heckenpflanze eignet sich die Fichte. Ihr einziger Wunsch: Viel Feuchtigkeit, auch im Winter. Bedarf: 2 Pflanzen je Meter.

Dicht ineinander wachsen die grün-, gelb- oder blaunadeligen Säulen der Scheinzypressen, die für Farbe an der Gartengrenze sorgen. Die Schere kann auch hier in Aktion treten, sollte es jedoch besser nicht. Denn dafür sind diese Pflanzen zu schön. Noch schlanker als die Scheinzypresse wächst der Säulen-Wacholder. Man pflanze 3 Stück auf den Meter, und zwar nicht in schnurgerader Reihe, sondern etwas versetzt; das sieht dann lockerer aus.

Eine gemischte Blütenhecke aus Spiräen, Forsythien und Blutberberitzen. Das ergibt Blütenpracht statt grüner Langeweile.

Düngen

Das Nährstoffbedürfnis der Heckenpflanzen, die auf engstem Raum dicht bei dicht nebeneinanderstehen, ist sehr hoch. Deshalb sollte jährlich, beginnend im Jahr nach der Pflanzung, auf den Boden eine Humusdecke aus Kompost (wenn zu beschaffen gut verrotteter Stallmist) rund um die Heckengehölze ausgebracht werden.

75

Zusätzlich bekommen die Heckengehölze vor Wachstumsbeginn etwa 30–50 g/m organisch-mineralischen Volldünger wie z. B. Hornoska-Spezial, Oscorna, Guano-Spezial. Nach dem Ausstreuen wird der Dünger leicht eingehackt.

Der Pflanzschnitt

Bei der Pflanzung sollte man sich nicht scheuen, die Triebe um mindestens ein Drittel, besser noch um zwei Drittel ihrer Länge abzuschneiden. Auf diese Weise verzweigen sich die Pflanzen stark und bilden nach unten ein undurchdringliches Astgewirr, das ein Merkmal jeder guten Hecke sein sollte. Kenner schneiden sogar die jungen Heckenpflanzen von Liguster, Weißdorn und Kornelkirschen ein Jahr später noch einmal so tief zurück. Das ist überall zu empfehlen, wo junge Pflanzen mit wenig Trieben angeschafft wurden.

Der Schnitt »erwachsener« Hecken

Hecken aus laubabwerfenden Gehölzen wie Hainbuche, Rotbuchen, Liguster, Weißdorn und andere, werden zweimal, Hecken aus immergrünen Sträuchern einmal im Jahr geschnitten.
Bei laubabwerfenden Gehölzen

Kiefern bleiben niedrig, wenn die Spitzentriebe auf die Hälfte eingekürzt werden.

spricht man vom Haupt- oder Formschnitt, der in der Zeit der Vegetationsruhe, also etwa zwischen Oktober und März, durchgeführt wird. Durch diesen Schnitt erhält und bekommt die Hecke ihre Form, er bestimmt die Erholung oder Zunahme bezüglich Höhe und Breite. Bei diesem Schnitt wird nicht nur der Zuwachs der letzten Vegetationsperiode zurückgenommen, sondern es muß, wenn nötig, auch einmal in das mehrjährige Holz hineingegangen werden, um eine zu breit oder zu hoch gewordene Hecke auf das gewünschte Ausmaß zurückzunehmen.

Auf Vogelbrut achten

Beim zweiten Schnitt, dem Sommerschnitt, werden eigentlich nur Schönheitsreparaturen vorgenommen, damit die Hecke sauber und ordentlich aussieht. Dieser Schnitt ist dann vorzunehmen, wenn man das Gefühl hat, die Hecke sähe etwas liederlich aus; man schneide jedoch besser nicht vor Ende Juli, um die in Hecken so häufigen Vogelbruten möglichst nicht zu stören. Wer es dennoch ganz ordentlich haben will, der kann in einer Vegetationsperiode auch zweimal schneiden, das erste Mal im Mai, wenn der Jahrestrieb erst halb entwickelt ist, und ein zweites Mal im Hochsommer.
Als für das Wachstum günstigste Form für eine Hecke gilt das gleichschenklige Trapez, und zwar ein Hochtrapez, bei dem die Bodenfläche etwa um ein Fünftel breiter ist als die Stirnfläche. Läßt man dagegen die Heckensträucher senkrecht nach oben wachsen, dann passiert es, daß die untersten Zweige, die kaum oder wenig Licht bekommen, absterben. Bei Liguster kann man die Oberkanten rund schneiden, so daß der Eindruck einer leichten Wölbung entsteht. Das ist am einfachsten bei niedrig gehaltenen Hecken durchzuführen. Diese Regeln gelten für die sogenannten formstreng geschnittenen Hecken, aber auch für freiwachsende Gehölze, die als

grüne Grenzgemarkung dienen. Man benutzt die Schere aber nur, um Blüten oder Beerenzweige für die Vase zu schneiden oder um allzu wild gewordene Büsche zur Ordnung zu rufen. Hin und wieder werden Korrekturen nötig, wenn sich die Zweige gegenseitig behindern, wenn die Sträucher zu groß geworden sind oder herausragende Äste das Gesamtbild stören.
Niedrige Hecken, die als Einfassungen von Blumenbeeten oder Vorgärten dienen, kommen nur einmal, und zwar im Frühjahr unters Messer. Ab und zu, vor allem bei kleinwüchsigen Spiräen (*Spiraea* 'Little Princess') oder immergrünen Zwerghekkenkirschen (*Lonicera nitida* 'Elegant') kann ein stärkerer Rückschnitt fällig werden.

Verjüngungsschnitt ist auch mal nötig

Sind Hecken kahl und unansehnlich geworden, wird ein Verjüngungsschnitt nicht zu vermeiden sein. Da sollte es dann ziemlich radikal zugehen, das heißt, die Stämme bis auf 25 cm über dem Boden abschneiden oder absägen. Das gilt aber nur für laubabwerfende Ziergehölze, nicht für Immergrüne.

Zu empfehlen sind zweischneidige Gartenscheren mit Muttersicherung.

Heckenschnitt der Immergrünen

Überhaupt gelten bei immergrünen Hecken aus Laub- und Nadelgehölzen andere Regeln. Geschnitten wird nur einmal im Jahr, am besten vor dem Austrieb im Frühjahr oder noch besser im Frühherbst, von August bis Anfang September an. Von einem Schnitt im späten Frühjahr ist abzuraten, weil man sich dann um den Reiz des frischen Austriebs bringt.
Manche Gartenfreunde, die es gern recht ordentlich haben, schneiden zweimal im Jahr (und öfter), so wie die Gärtner die Tierfiguren, Kugeln und Pyramiden in Parks und historischen Gärten. Wie oft auch immer, der Schnitt sollte sich auf das Einkürzen des Jahrestriebes beschränken, das heißt, ein beblätterter Teil des jeweiligen Jahrestriebes muß stehenbleiben.
Auch bei Hecken aus Nadelgehölzen ist es empfehlenswert, trapezförmig, also unten breiter als oben, zu schneiden. Dann fallen einige braun und kahl gewordene Zweige gar nicht auf.

Vorgarten-Gestaltung mit Ziergehölzen

Wer einen Vorgarten anlegen oder renovieren will, sollte sich an ein paar Regeln halten. Vor allem: Nicht einfach drauflospflanzen, da nicht jede Pflanze an allen Standorten gleich gut wächst. Entscheidend für die Auswahl sind immer die im Vorgarten herrschenden Boden-, Klima- und Lichtverhältnisse. So wachsen sonnenliebende Sträucher nun mal nicht im Schatten. Dafür gibt es Spezialisten, die keine Sonne brauchen oder mögen.

Jede Pflanze benötigt, um sich richtig entwickeln zu können, genügend Platz um sich herum. Eine zu dichte Pflanzung führt zu unschönen Gartenbildern, zu Krankheiten und bei Gehölzen zu unnatürlichen Schnittmaßnahmen.

Größere Bäume sollte man nicht in den Vorgarten pflanzen. Ein kleinwüchsiges Gehölz, das immerhin 4–6 m im Durchmesser beansprucht, tut es auch. Freiwachsende Hecken benötigen einen Lebensraum von 3 m und geschnittene Hecken immerhin noch 0,6–1,2 m. Rankpflanzen sind bescheidener. Sie begnügen sich mit 0,5 m.

Bepflanzungsbeispiel für ein freistehendes Einfamilienhaus am Stadtrand

Dieser Vorgarten liegt im Norden des Hauses in tiefem Schatten. Eine Kiefer gibt dem Vorgarten optischen Halt. Darunter

werden Rhododendren und Gartenazaleen in verschiedenen Arten und Sorten gepflanzt, die von April bis Anfang Juni für Blütenhöhepunkte sorgen. Wunderschön blüht auch der Blumenhartriegel *(Cornus kousa)*. Die Samthortensie *(Hydrangea sargentiana)* ist mit ihren samtartigen Blättern und blauen, von weißen Randblüten gerahmten Blütenköpfen eine Augenweide, was auch für die Kletterhortensie *(Hydrangea petiolaris)* gilt.

Zu den Füßen der Sträucher wachsen Lilienfunkien, der Goldschuppenfarn, die bodendeckenden Golderdbeeren mit gelben Blütchen und die Schaumblüte.

Von links nach rechts: Rhododendron Catawbiense- und Yakusimanum-Hybride (weiß), *Rhododendron wardii* (gelb), dahinter Blumenhartriegel (*Cornus kousa*) oben: Waldkiefer (*Pinus silvestris*), davor: Gartenazaleen, am Bildrand oben: eine Samthortensie (*Hydrangea aspera*) und in die Kiefer hereinwachsend eine Kletterhortensie.

Bepflanzungsbeispiel für ein Zweifamilienhaus in einer ruhigen Wohnlage am Rand der Stadt gelegen

Dieser Vorgarten befindet sich im Osten des Hauses in halbschattiger Lage. Ein robuster Feldahorn *(Acer campestre,* links) und eine Eberesche bestimmen das Gesicht des Vorgartens und machen ihn größer. Schneeballarten wie der immergrüne *Viburnum rhytidophyllum,* der Osterschneeball *(V. × burkwoodii),* der mitten im Winter blühende Duftschneeball *(V. fragrans)* machen diesen Vorgarten wertvoll. Zur Spitzenklasse der Blütengehölze gehört auch die Glockenhasel *(Cory-*

lopsis spicata) und die *Stranvaesia,* die sich am linken Bildrand im Schmuck ihrer roten Früchte präsentiert. Für weiteres Immergrün sind Mahonien, kleine Buchsbäumchen und Efeu zuständig.

An Stauden blühen in diesem nachpflanzenswerten Vorgarten: blauer Storchschnabel, roter Nelkenwurz, Japan-Anemonen, Stockrosen, gelbes Johanniskraut und blaue Kaukasus-Vergißmeinnicht.

Die Beispiele lassen sich beliebig fortführen. Sie beweisen, daß es für Vorgärten in jeder Lage und Standortsituation Sträucher und Bäume gibt.

Bepflanzungsbeispiel für ein Reihenhaus an einer Wohnstraße in Stadtnähe

Der Vorgarten liegt im Westen des Hauses und wird gelegentlich von der Sonne beschienen. Hier sind robuste Pflanzen angesagt. Als Mittelpunkt paßt ein Rotdorn, am besten als breitkroniger Baum. Für die Hauswand empfiehlt sich die Bergwaldrebe *Clematis montana* 'Rubens'). Als Sichtschutz kann ein aufrechtwachsender Buchsbaum dienen.

Bodenvorbereitung und Pflanzung

»In vielen Gärten hat der Boden dichtgemacht«. Vor allem in schwerer, toniger Erde oder auf Baustellen-Grundstücken kommen die Pflanzen nicht zurecht, weil die leidige Bodenverdichtung den Ausgleich des Wassers zwischen Bodenoberfläche und Grundwasser verhindert. Dann kommt es zu Wasserstaus, die bei Dauerregen die Wurzeln faulen und in Trockenheitsperioden das Wurzelwerk vertrocknen lassen.

Deshalb sind Wachstumsstockungen und Blühfaulheit nur selten auf die Qualität der Gehölze, sondern zumeist auf mangelhafte Vorbereitung der Pflanzgrube zurückzuführen. So brauchen alle Sträucher und Bäume einen möglichst lockeren, weichen und humushaltigen Boden.

Humus läßt sich dem Boden zuführen. Er bildet sich aus organischen Materialien wie Laub, Rasenschnitt, Stallmist, Kompost, gehäckselten Zweigen und Rindenmulch. Alljährlich wird der Boden mit solchen Materialien abgedeckt, man sagt, der Boden wird gemulcht. Ohne eine solche oberirdische Zufuhr von humusbildenden Stoffen lassen das Wachstum und die Blühfreudigkeit deutlich nach. Vor dem Mulchen wird der Boden gelockert und organischer Dünger (siehe Düngung) ausgebracht. Auf keinen Fall sollte man versuchen, den Boden mit hohen Düngegaben zu verbessern.

Auch ist davon abzuraten, Boden und Pflanzloch mit vorratsgedüngten Torfprodukten zu veredeln. Das bringt die Pflanzen zwar in der ersten Zeit ganz schön in Schwung, verwöhnt sie aber derart, daß sie später dann das harte, nährstofflose und humusarme Erdreich nicht mehr oder nur sehr schwer bewurzeln können. Das Schlappmachen der Zweige und Triebe ist die oft beobachtete Folge.

Zur pflanzenfreundlichen Verbesserung der Pflanzgrube eignet sich am besten krümeliger oder halbfertiger Kompost.

Die für das Pflanzloch ausgehobene Erde mit Kompost und ein paar Handvoll organischem Dünger wie Echter Guano, Hornspäne oder Knochenmehl vermischen. Rindenmulch nur im oberen Bodenbereich einarbeiten, nicht untergraben.

Gründliche Bodenvorbereitung ist eine der Voraussetzungen für ein gesundes und üppiges Wachstum.

So werden Gehölze angeboten: Mit nackten Wurzeln, mit Tüchern umhüllten Ballen oder in Containern.

Vor dem Pflanzen sollte man beschädigte Wurzeln zurückschneiden.

Die Tiefe des Pflanzlochs errechnet sich bei immergrünen Laub- und Nadelgehölzen aus der Höhe des Wurzelballens und bei blattabwerfenden Sträuchern und Bäumen aus dem Wurzelwerk plus 20 cm.
Als Breite errechnet man den doppelten Umfang der Wurzeln. Nicht vergessen, beim Einsetzen von umhüllten Erdballen das Ballentuch aufzuschneiden, aber nicht entfernen! Nur Töpfe und Folienbeutel kommen nicht mit in die Erde. Von den offen liegenden Wurzeln werden die abgeknickten und beschädigten

abgeschnitten und allzu lange um die Hälfte ihrer Länge eingekürzt.
In das Pflanzloch setzen wir die Pflanzen so tief, wie sie vorher in der Baumschule gestanden haben. Nie – Ausnahmen wie Strauchpaeonien und *Clematis* bestätigen die Regel – darf ein Gehölz höher oder tiefer in die Erde. Vor allem bei Rhododendren wirkt sich das verhängnisvoll aus.
Kräftiges Schütteln sorgt für eine gute Verteilung der Erde rund um die Wurzeln und verhindert zu tiefes Einsetzen. Mit ein paar kräftigen Tritten wird die notwendige Standfestigkeit erreicht und eine Mulde für Gieß- oder Regenwasser gebildet. Bäume und hochwachsende Sträucher bekommen fürs sichere Anwachsen einen Pfahl, sonst bringt sie der Wind zu Fall, was die Wurzelentwicklung beträchtlich erschwert. Es ist besser, erst den Pfahl in die Erde zu schlagen und dann das Gehölz drumherumzupflanzen.

Nadelgehölze pflanzen

Nadelgehölze gibt es entweder mit Erdballen oder im Container. Das hat den Vorteil, daß man nicht sofort zu pflanzen braucht. Außerdem ist das ganze Jahr Pflanzzeit, wenn nicht gerade strenger Frost herrscht.
Die Ballenpflanzen werden einfach in die Pflanzgrube gestellt,

Wer Gehölze an einem Haus pflanzen will, muß Vorkehrungen treffen, damit das Wasser nicht ablaufen kann, z.B. durch die Veränderung des Gefälles mit Hilfe von Rasensoden oder Steinen.

das Ballentuch aufgeschnitten und vorsichtig unter dem Ballen hervorgezogen. Bei Containerpflanzen wird der Ballen aus dem Behälter genommen, die Oberfläche etwas aufgekratzt und dann in die Pflanzgrube gesetzt. Dann Erde einfüllen, fest andrücken und solange gießen, bis sich die Erde gesenkt hat und kein Wasser mehr versickert. Aus der übriggebliebenen Erde wird eine Art Gießrand für die weiteren Wassergaben geformt.

Es hat sich bewährt, größere Pflanzen an einem Stab festzubinden, wobei der Pfahl auf der dem Wind entgegengesetzten Seite stehen soll. Beim Festbinden den Draht nicht direkt mit dem Stamm in Verbindung bringen, sondern entweder einen Kokosstrick oder einen Streifen Fahrradschlauch zum Schutz des Stammes verwenden.

Wie ein Baum umgepflanzt wird

Man sollte sich vorher überlegen, ob sich ein Verpflanzen überhaupt lohnt und ob nicht ein junger, neuer Baum oder Strauch besser wäre. Denn es macht Spaß, Kindheit und Jugend einer Magnolie oder eines Fächerblattahorns mitzuerleben, und es gibt auch weniger Anwachsprobleme. Wer sich trotzdem für ein Verpflanzen größerer Gehölze entscheidet, sollte in der Zeit der Wachstumsruhe mit dem Spaten einen nicht kleinen Wurzelballen schaffen, diesen mit Maschendraht oder Juteleinen umhüllen, vorsichtig ausheben und an den neuen Platz bringen.

Hier wird das Gehölz genauso tief eingepflanzt wie es am alten Platz gestanden hat. Anschließend wird der Strauch oder die Krone des Baumes um 20–30% verkleinert und tüchtig angegossen. Wie überhaupt eine reichliche Wasserversorgung beim Anwachsen eine entscheidende Rolle spielt.

Bei mit Ballen gelieferten Gehölzen wird beim Pflanzen das Ballentuch aufgeschnitten.

Bewässerung

Frisch gepflanzte Sträucher und Bäume brauchen genauso wie ältere, bereits eingewachsene Gehölze regelmäßig Wasser. Vor allem, wenn es wochenlang nicht geregnet hat oder ein leichter Boden die Feuchtigkeit nicht festhalten kann. Hecken haben reichliche Wassergaben besonders nötig, weil die Pflanzen dicht bei dicht stehen und kaum ein Wassertropfen in die Erde dringt. Da muß man dann den Gartenschlauch hinlegen und etwa eine Stunde lang das Wasser laufen lassen.

Bei einzeln stehenden Gehölzen läßt man das Wasser am besten in einen Graben oder in eine Mulde laufen, damit möglichst wenig verloren geht. Der Graben soll den Bereich der Kronentraufe umschließen. Tägliches, oberflächliches Gießen ist nutzlos, oft sogar schädlich, da es die oberste Bodenschicht verschlammt.

> Nach einem trockenen Sommer im Herbst alle Immergrünen gründlich wässern, damit sie nicht trocken in den Winter gehen müssen.

Sehr zu empfehlen ist das Mulchen, also das Bedecken des Bodens mit organischen Materialien wie Kompost, Laub, Grasschnitt, gehäckselten Ästen und Zweigen oder mit Rindenmulch. Dadurch wird der Boden vor austrocknenden Winden, Sonnenschein, aber auch vor Frost geschützt. Diese organischen Stoffe werden von Bodentierchen als Nahrung angenommen und in Humus umgesetzt. Die Höhe der Mulchdecke sollte nicht mehr als 6–8 cm betragen.

Wer regelmäßig mulcht, hat auch keine Probleme mit Unkräutern. Wenn doch gehackt werden muß, dann nur recht flach, um die Wurzeln zu schonen. Auf keinen Fall darf zwischen den Gehölzen gegraben werden. Dabei wird so manches wichtige Wurzelwerk zerstört!

Düngung

Alle Ziergehölze, vor allem Heckensträucher, brauchen Nährstoffe in einem ausgewogenen Verhältnis. Stickstoff (N) für die Entwicklung der Blätter, Phosphor (P) für die Blütenbildung und Kalium (K) für die Reife und Stabilität der Holztriebe.

Organisch-mineralische Dünger in fester Form sollte man so früh wie möglich, am besten im Februar/März ausbringen.

Außerdem werden Spurenelemente benötigt.

Ziergehölze (siehe »Pflanzung«) wachsen zudem am besten in einem lockeren, humushaltigen Boden, der durch regelmäßige Kompostgaben oder gut verrotteten, strohigen Mist erreicht wird. Außerdem bietet der Handel aufbereiteten Kompost in Säcken an und getrockneten oder kompostierten Rinder-

dung. Von diesen humusbildenden, das Bodenleben aktivierenden Materialien wird im Spätherbst eine etwa 5–10 cm hohe Schicht um die Kronentraufe der Bäume oder rund um die Sträucher gestreut.

Um diese Zeit sollte man auch organische Dünger wie Hornmehl, Knochenmehl, Guano oder gekörnten Rinderdung (Mannahum) ausbringen, da es bei diesen Düngemitteln oft monatelang dauert, bis die Nährstoffe wirksam werden. Organisch-mineralische Dünger werden dagegen im Frühjahr so früh wie möglich, also im Februar/März ausgebracht. Die Nährstoffaufnahme der Gehölze setzt schon vor dem Austrieb ein und ist nach dem Austrieb besonders groß. Deshalb ist der Termin von Bedeutung.

Die Sommerdüngung sollte dann im Juni vorgenommen werden, weil dann die Frühjahrsblüher ihre Blütenknospen ausbilden. Auf keinen Fall später düngen, damit der Triebabschluß rechtzeitig erfolgt und das Holz »abgehärtet« Frostperioden unbeschädigt übersteht.

> 🌳 Auch Heckenpflanzen brauchen regelmäßig Dünger, der am besten in flüssiger Form ausgebracht wird. Nach Erreichen der gewünschten Höhe kann die Düngemenge auf die Hälfte verringert werden oder ganz entfallen.

Dünger für Gehölze

Das Düngemittel-Angebot ist verwirrend groß. Unter den organisch-mineralischen Dünger sind geeignet: Manna-Spezial (N-P-K im Verhältnis 7-5-9), Compo Guano plus (11-6-4), Bio-Garten-Azet (7-6-6), die Spezialdünger Rhododendron-Azet (7-3-4), Compo Rhododrondünger + Guano (13-5-8-3), Compo Tannendünger + Guano (12-6-9-5), Tannen-Azet (9-2-5), Compo-Rosendünger + Guano (9-9-9-3 + CAO), Rosen-Azet (7-7-5). Die Azet-Dünger enthalten zusätzlich noch Spurenelemente und sind mit nützlichen Bodenorganismen (über 200 Mio Keime je Gramm) angereichert; 65% des Düngers besteht aus organischer, humusbildender Substanz.

Wer mineralische Dünger bevorzugt, sollte nur chloridfreie, kali-und phosphorreiche Volldünger verwenden, die neben den Hauptnährstoffen auch Spurenelemente enthalten. Beispiel: Compo Blau-Dünger, Nitrophoskablau-spezial oder Nitrophoska-perfekt u.a. Der sogenannte Koniferen-Balsam stabilisiert das Wachstum von immergrünen Gehölzen und beugt der Nadelbräunung und dem Nadelfall bei Koniferen vor. Es handelt sich dabei um eine organische Stickstoffdünger-Lösung, die als Blattdünger zweimal im Jahr ausgebracht wird, im März–Mai und September–Oktober.

87

Schnittmaßnahmen

Fast alle Ziergehölze brauchen einen regelmäßigen Schnitt, damit sie in Form bleiben, nicht zu groß werden und die Pflanzennachbarn nicht bedrängen. Mit regelmäßigen und richtigen Scherenschnitten wird das Wohlbefinden der Gehölze gefördert, und sogar Pflanzenkrankheiten und Schädlingsbefall vorgebeugt, denn in Büschen oder Bäumen mit lockeren, luftigen Kronen, wo Sonne, Luft und Licht stets Zutritt haben, besteht für Plagegeister keine Chance.

Natürlich entwickeln sich manche Ziergehölze auch ohne Schnitt zu großen, lebenskräftigen Pflanzen. Nur durch ein maßvolles Einkürzen der Zweige erreichen wir einen großen Blütenreichtum. Außerdem sterben die älteren Teile der Ziergehölze allmählich ab, während aus dem Wurzelstock neue Triebe gebildet werden. Grundsätzlich entfernt man das trockene Holz und alle Zweige, die sich kreuzen und reiben. Sträucher und Bäume sind Individualisten, und es wäre verkehrt, sie alle über einen Kamm scheren zu wollen. So richtet sich der Schnitt der Laubgehölze nach der Wachstumsform und nach der Blütezeit.

Ziergehölze, die im Frühjahr geschnitten werden

Alle sommerblühenden Gehölze vertragen einen kräftigen Schnitt in den Frühjahrsmonaten, am besten während der Saftruhe im Februar/Anfang März. Um kräftige Triebe zu erhalten, werden sie bis auf 10–30 cm eingekürzt, so daß nur wenige Augen stehenbleiben. Schwache Zweige sind ganz zu entfernen.

Auf diese Weise schneiden wir: Schmetterlingssträucher (Buddleia), die sommerblühenden Spiersträucher (Spiraea albiflora, 'Anthony Waterer', S. decumbens, 'Froebelii', 'Little Princess', S. douglasii), Säckelblumen (Ceanothus), Färberginster (Genista tinctoria), den

Durch Schnitt können aus Liguster oder Buchsbaum Torbögen und Tierfiguren entstehen.

winterharten Hibiskus *(Hibiscus syriacus)* und die Rispenhortensie *(Hydrangea paniculata* 'Grandiflora').

Ziergehölze, die im Sommer geschnitten werden

Alle Ziergehölze, die mit bereits vorgebildeten Blüten ins Frühjahr gehen, werden erst nach

der Blüte geschnitten; nur die alten Zweige und Äste sind zu entfernen. Wenn der Schnitt unterbleibt, können sich die jungen Triebe, an denen sich sofort wieder Knospen bilden, nicht richtig entwickeln.

Wenn Sträucher zu mächtig geworden sind, und blühfaules Holz gebildet haben, wird das alte Holz, erkennbar an der dunkleren Rinde, radikal herausgeschnitten.

Folgende Gehölze werden sofort nach der Blüte geschnitten: Kornelkirsche *(Cornus mas)*, Forsythien, Mandelbäumchen *(Prunus triloba* und *P. tenella)*, Zierpflaumen *(Prunus × blireana, P. cerasifera* 'Nigra'), die frühjahrsblühenden Spiersträucher mit Ausnahme von *Spiraea × arguta* und *S. thunbergii*, die sommergrünen Schneeballarten *(Viburnum fragrans, V. lantana, V. opulus* 'Roseum', *V. plicatum* 'Mariesii', *V. f. tomentosum)*, Besenginster, *Cytisus scoparius* und *praecox* (alle Sorten), Blut-Johannisbeere *(Ribes sanguineum)*, Chinesische Goldrose *(Rosa hugonis)*, Zentifolie, *(R. centifolia* und Sorten), einmalblühende Rankrosen, Deutzien, Weigelien und Flieder.

Zu groß und kahl gewordene Rhododendronbüsche vertragen (nach der Blüte) einen radikalen Rückschnitt bis ins alte Holz. Die schnelle Begrünung, der dann etwas ärmlich wirkenden Sträucher kann durch Rhododendrondünger oder eine Horn-Knochenmehl-Mischung gefördert werden.

Von allen Rhododendren und Fliedersträuchern sollte man unbedingt die Fruchtstände vorsichtig mit der Hand ausbrechen. Die Fruchtstände schwächen die Pflanzen beträchtlich.

Schnitt der Klettergehölze

Rankende oder kletternde Ziergehölze bleiben zumeist von regelmäßigen oder gar radikalen Schnittmaßnahmen verschont. Die Schere tritt erst in Aktion, wenn ein undurchdringlicher Sträucherwirrwarr entstanden ist, wie das schon einmal bei Schlingknöterich *(Polygonum aubertii)* und den Geißblättern *(Lonicera)*, der Fall ist. Diese Lianen, die alle keinen Stamm bilden, können auch stark zurückgenommen werden, da sie sofort wieder meterlange Triebe bilden. Sogar ein Schnitt bis kurz über den Boden ist möglich, wenn die Pflanzen in ihren unteren Teilen kahl und unansehnlich geworden sind. Bei selbsthaftenden Klimmern wie Efeu und Wilden Wein genügt das Abschneiden der Spitzen- und Seitentriebe, damit das Wachstum nicht zu üppig wird. Aber auch ein stärkerer Rückschnitt ist möglich. Das ist vor allem bei Efeu nötig, dessen Ranken bereits nach einigen Jahren ein beträchtliches Gewicht aufweisen.

Von den Lianen, die erst am älteren Holz blühen, wie Glyzinen *(Wisteria sinensis)* und

Baumwürger *(Celastrus)*, wird einfach die Spitze abgeschnitten. Nichts zu suchen hat dagegen die Schere am Seitenholz

Verschiedene Schnittmaßnahmen bei Ziergehölzen.

der Glyzinen, weil sich dort die Blütenknospen bilden; erst nach der Blüte wird dieses Holz geschnitten. Alle Schnittmaßnahmen sollten erst nach dem Winter, am besten im Vorfrühling, durchgeführt werden. Beim Schnitt der Clematis ist zu beachten, daß die frühjahrsblühenden Sorten anders als die Sommerblüher zu behandeln

sind. Die Frühjahrsblüher werden im Frühjahr nur ausgelichtet, wobei das ältere, kräftige Holz erhalten bleiben muß. Den Sommerblühern dagegen macht ein kräftiger Rückschnitt nichts aus, bei ihnen kann sogar einmal in das ältere Holz geschnitten werden. Zu dieser Gruppe gehören die meisten und schönsten Clematis-Sorten.

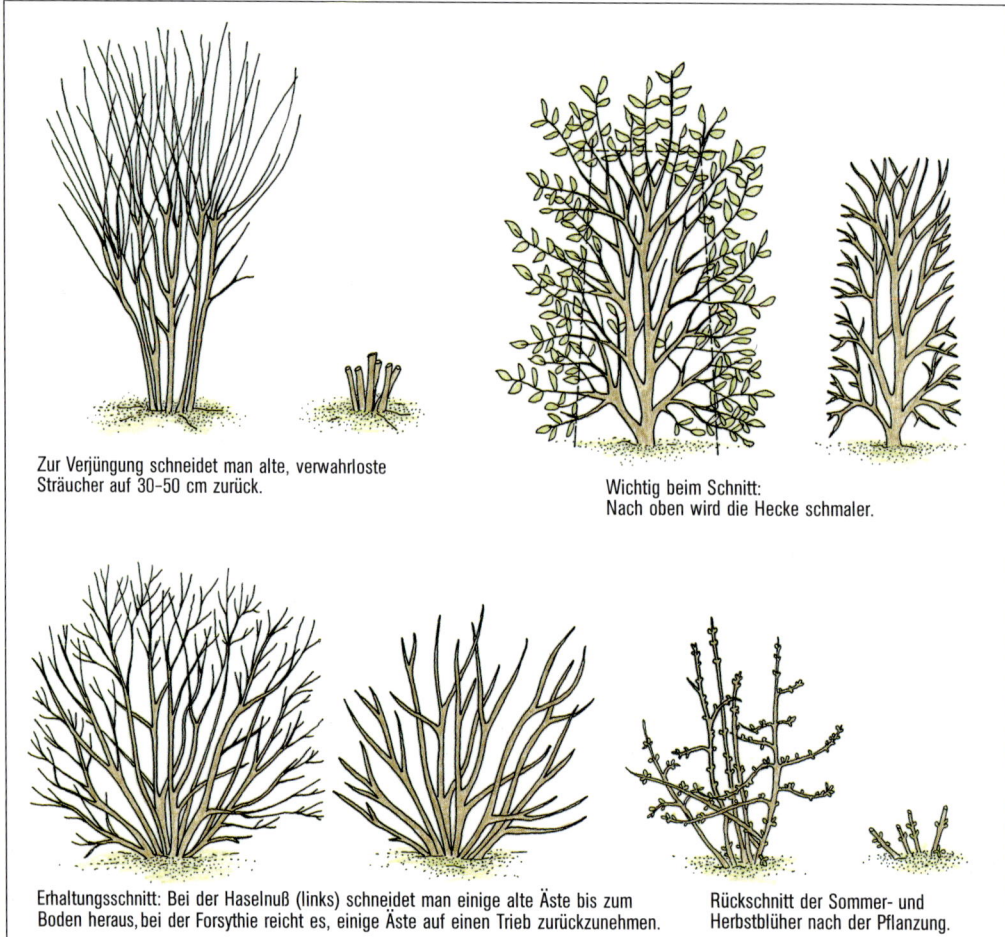

Zur Verjüngung schneidet man alte, verwahrloste Sträucher auf 30-50 cm zurück.

Wichtig beim Schnitt: Nach oben wird die Hecke schmaler.

Erhaltungsschnitt: Bei der Haselnuß (links) schneidet man einige alte Äste bis zum Boden heraus, bei der Forsythie reicht es, einige Äste auf einen Trieb zurückzunehmen.

Rückschnitt der Sommer- und Herbstblüher nach der Pflanzung.

Schnitt der immergrünen Laubgehölze

Hier ist ein Rückschnitt eigentlich nur nach Frostschäden nötig. Schnittmaßnahmen werden von Stechpalmen, Ilex, und Lorbeerkirschen vertragen, aber auch von Mahonien, Felsenmispeln, Buchsbäumen, Berberitzen, Pfaffenhütchen, Efeu, wintergrünem Liguster, Heidekrautgewächsen und Schneeball. Viele dieser Immergrünen verlieren im Frühjahr einen Teil der Blätter, was nicht bedeutet, daß die Pflanzen erfroren sind. Man sollte deshalb bis Juni warten, um zu sehen, was wirklich weggeschnitten werden muß.

Die zierliche Glockenhasel (Corylus) sollte möglichst ungeschnitten bleiben.

Schnittmaßnahmen zu unterbleiben. Gelegentlich wird allerdings ein Verjüngungsschnitt notwendig sein. Den sollte man im Spätwinter vornehmen, weil man dann die Knospen erkennen und schonen kann.

Schnitt der Nadelgehölze

Nadelgehölze werden viel weniger geschnitten als laubabwerfende Gehölze, auch deshalb, weil viele von ihnen symmetrisch wachsen und jeder Eingriff störend wirkt. Das gilt besonders für Tannen und Fichten, für Hemlocktannen, Zedern, Cedrus, Scheinzypressen, *Chamaecyparis* (außer Hecken) und alle säulenförmig wachsenden Koniferen.
Problemlos schneiden lassen sich dagegen breitwachsende Wacholder-Arten und Eiben. Bei Krummholzkiefern kann man, ohne Wachstum und Aussehen zu beeinträchtigen, ganze Zweigpartien der letzten 2–3 Jahre herausschneiden. Bei den übrigen Kiefern sollte man lediglich die Jungtriebe zurückschneiden. Einfach ist das bei Zwergkiefern: die Jungtriebe auf mehr als die Hälfte durch Auskneifen kürzen. Die Pflanzen bleiben dann buschiger und länger klein.
Geschnitten werden in regelmäßiger Folge alle Nadelholzhecken und die sogenannten Kunstformen wie Kugeln, Pyramiden und Tiergestalten.

Verjüngung der Ziergehölze

Manchmal muß ein Zierstrauch radikal verjüngt werden, wenn er zu mächtig geworden ist, kaum noch blüht oder so richtig »alt« aussieht. Auch bei starken Frostschäden ist eine solche Maßnahme manchmal nötig. Der Zeitpunkt: Februar oder bei Frühjahrsblühern nach der Blüte. Bei dieser Radikalkur werden die Äste und Zweige mit Hilfe einer Stichsäge auf etwa 30 cm Länge zurückgenommen. Der Austrieb erfolgt aus solchem Holz besser als aus längeren Stümpfen. Auch hier fördert eine zusätzliche Dün-

gung die Entwicklung neuer Triebe.
Eine Verjüngung vertragen problemlos: Berberitzen, Schönfrucht, die Bartblume, die Säckelblume, Deutzien, der Spindelbaum, Hibiscus, Mahonien, Weigelien, Kerria und Ilex.

Gehölze, die ungeschnitten bleiben sollten

Nichts zu suchen haben Schere und Säge bei einigen besonders schönen Blütengehölzen, aber auch bei Sträuchern, die durch ihr attraktives Blätterkleid auffallen. Hier haben regelmäßige

Ziergehölze vermehren

Ziergehölze werden in erster Linie vegetativ vermehrt, und zwar durch Steckhölzer, Sommerstecklinge, Wurzelschnittlinge, Absenker und Ableger, Ausläufer und durch Teilung.

Vermehrung durch Steckhölzer

Steckhölzer werden im Spätherbst nach dem Laubfall von einjährigen, ausgereiften Trieben geschnitten. Der Schnitt sollte dicht unter einer Knospe erfolgen, da so die Wurzelbildung erheblich gefördert wird. Die zu kleinen Bündeln zusammengelegten, etwa 20 cm langen und 0,5 cm dicken Hölzer überwintern in einem Einschlag aus feuchtem Sand, der in einem nicht geheizten Keller angelegt wird. Hier hat man eine bessere Kontrolle als draußen im Freien. Die Steckhölzer

sind völlig mit Sand zuzudecken.
Im Frühjahr, wenn sich der Boden auf 12°C erwärmt hat, kommen die Hölzer auf ein mit Kompost und Sand vorbereitetes Beet: Reihenabstand 20 cm, in der Reihe 2 cm Entfernung von Holz zu Holz.

Der Seidelbast (*Daphne mezereum*) läßt sich durch Stecklinge, Ableger und Absenker vermehren.

Vorher jedoch werden die Steckhölzer mit dem Messer nachgeschnitten, und zwar oben gerade und unten schräg. Beim Stecken kommen etwa 3 Augen in die Erde, während 1 Auge aus dem Boden herausragt. Das Steckholzbeet ist ständig feucht zu halten. Mit Steckhölzer lassen sich vemehren: Schmetterlingsstrauch, Deutzien, Forsythien, Heckenkirschen, Garten-Jasmin, Efeu, Jungfernrebe, Schlingknöterich, Zierjohannisbeere, Hunds-Rose, Weiden, Holunder, Spiräen, Schneebeeren, Tamarisken, Schneeball, Weigelien, Zwergmispeln.

Sommerstecklinge

Auch die Vermehrung mit grünen krautartigen Stecklingen kann gelingen, wenn dazu nicht zu weiche Kopfstecklinge, sondern eher schwache Triebe von den Seitentrieben älterer Zweige genommen werden. sonst geht die Vermehrung wie bei Balkon- oder Zimmerpflanzen vor sich: untere Blätter entfernen, von den oberen die Blattflächen zerkleinern; die Stecklinge mit Folie oder Glas bedecken und sofort mit einer Pappe schattieren; die Reiser regelmäßig absprühen.

Bei Eriken (rechts) genügt eine Schere, um sie zu teilen, bei Spiräen (links) ist ein Spaten nötig.

Immergrüne Ziergehölze

Der beste Zeitpunkt für die Vermehrung von Nadelgehölzen und anderen Immergrünen liegt von Ende Juli bis Anfang August. Nadelgehölzstecklinge werden gerissen oder so geschnitten, daß immer ein Teil des alten Holzes am Steckling

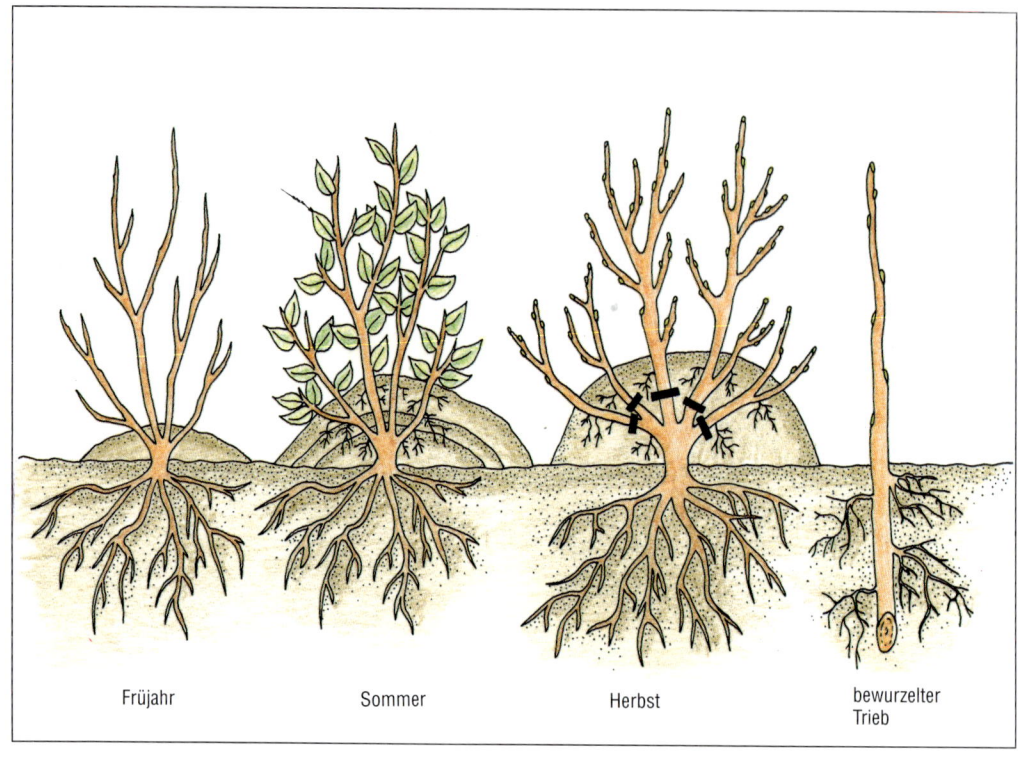

Früjahr   Sommer   Herbst   bewurzelter Trieb

Die bewurzelte Jungpflanze bleibt das ganze Jahr über angehäufelt und wird im Herbst stark zurückgeschnitten, damit sich neue Wurzeln und Triebe bilden.

verbleibt. Bei Spitzentrieben schneide man den Steckling bis zum Ansatz des diesjährigen Triebes. Alle Fichten- und Tannenarten sollten nur aus Spitzentrieben vermehrt werden. Die Länge der Stecklinge sollte bei Zwergkoniferen 2–4 cm, bei Scheinzypressen, Lebensbaum, Wacholder 15–20 cm betragen.

Diese drei Gattungen lassen sich leicht und schnell vermehren. Länger, oft bis zu 2 Jahren, dauert die Bewurzelung bei anderen Koniferen, beispielsweise bei Zedern, Ginkgo, Sumpfzypressen und Schmucktannen.
Die Stecklinge sind im Sommer vor Sonnenstrahlen und vor zuviel Feuchtigkeit zu schützen.

Wurzelstecklinge

Einige Gehölze wie Essigbäume, Trompetenblume und Fiederspiere kann man durch Wurzelstecklinge vermehren. Dazu

sind die Wurzeln im zeitigen Frühjahr in 8–10 cm lange Teilstücke zerlegt schräg in Töpfe oder vorbereitete Gartenbeete zu stecken und etwa 1 cm hoch mit Erde abzudecken.

Vermehrung durch Absenker

Bei manchen, zudem noch sehr schönen Ziergehölzen ist eine Vermehrung durch Absenker zu empfehlen. Das gibt zwar nur wenige Jungpflanzen von einer Mutterpflanze, dafür ist diese

Methode aber ziemlich sicher. Sie wird angewandt bei Felsenbirnen, Birken, Gewürzstrauch, Glockenhasel, Cotoneaster, Seidelbast, Prachtglocke, Federbuschstrauch, Forsythie, Hortensien, Heckenkirschen, Zierjohannisbeeren, Zaubernuß, Kranzspiere, Schnee- und Korallenbeeren, Flieder, Schneeball, Blauregen und noch einigen anderen, nicht alltäglichen Gehölzen. Beim Absenken, das am besten in den Monaten Juni/Juli geschieht, werden biegsame Zweige, die im Vorjahr gewachsen sind, heruntergebogen und mit einem Drahtbügel in einer kleinen Bodenvertiefung verankert. Auf diese Stelle kommt ein kleiner Haufen aus Kompost und Sand; dabei muß die Triebspitze aus der Erde herausragen. An der Biegung bildet der abgesenkte Trieb Wurzeln, und zwar um so schneller und besser, wenn der in der Erde versenkte Zweig mit einem Messer leicht angeritzt wird.

Die Wurzelbildung erfolgt in unterschiedlichen Zeiträumen. Manche können bereits im selben Herbst von der Mutterpflanze abgetrennt, ausgegraben und an einer geschützten Stelle noch einmal eingepflanzt werden. Andere wachsen erst im nächsten Jahr zu fertigen Pflanzen heran. Nie zu früh ausgraben! Manche Gehölze wollen nicht so recht Wurzeln bilden. Dann empfiehlt es sich, statt in den Boden in Töpfe abzusenken, die mit humusreicher Erde gefüllt wurden.

Vermehrung durch Ableger

Beim Absenken gibt es, da die Triebspitze aus der Erde schaut, immer nur eine neue Pflanze. Beim Ablegen dagegen wird der Trieb in seiner ganzen Länge an der Erdoberfläche niedergelegt, befestigt und mit Erde bedeckt. Dadurch entsteht an jeder Knospe eine neue Pflanze.

Vermehrung durch Ausläufer und Teilung

Auch eine Vermehrung durch Ausläufer ist möglich, zumindest bei einigen Gehölzen wie Ranunkelstrauch, Essigbaum, Sanddorn, Spiersträucher, Schneebeere, Schneeball und einigen anderen.

Diese Gehölze bilden unterirdische Rhizome, aus denen junge Pflanzen entstehen, die durch Spatenstiche von der Mutterpflanze getrennt und einfach ausgegraben werden. Wegen der geringen Wurzelbildung empfiehlt es sich, die oberen Teile zurückzuschneiden. Bei der Teilung muß man die ganzen Pflanzen ausgraben (Eriken, Deutzien, Spiräen, Mahonie), mit einer Schere zerschneiden oder mit einem Spaten zerteilen. An jedem Teilstück muß sich wenigstens ein Trieb mit Wurzeln befinden. Die Stücke werden dann eingetopft oder in ein gut vorbereitetes Beet eingepflanzt. Auch hier empfiehlt sich ein Rückschnitt der oberen Triebe.

Hortensien, gleich welcher Art und Sorte, können durch Absenker vermehrt werden.

Krankheiten und Schädlinge

Das Auftreten von Krankheiten und Schädlingen ist manchmal eine Folge fehlerhafter Pflanzung und falscher Kulturmaßnahmen. Auch kann ungünstige Witterung eine regelrechte Pilz- und Insektenplage verursachen. Wenn trotz vorbeugender Maßnahmen wie richtigen Standort, Auswahl robuster Arten und ausreichender Versorgung mit Wasser und Nährstoffen, Schädlinge und Krankheiten auftreten, muß etwas unternommen werden.

Schädlinge

Blattläuse

Unterschiedlich gefärbte und geformte Blattlausarten befallen verschiedene Ziergehölze und schädigen hier Blätter, Knospen und junge Triebe. Die Blätter sind durch Rußtau verklebt.
Bekämpfung: Bei niedrigwachsenden Gehölzen Steinmehl über verlauste Pflanzen stäuben, gezielt mit starkem Wasserstrahl spritzen. Bei starkem Befall: Mit Spruzit-flüssig, Spruzit-Spray, Oscorna-Insektenschutz spritzen oder mit Spruzit-Staub bestäuben.

Woll- und Schmierläuse

Diese hartnäckigen Schädlinge sind leicht an ihren wolligen weißen Wachsausscheidungen zu erkennen. Man findet sie an Blättern, jungen Trieben und Rindenwunden. Besonders

befallen werden, neben Buchen und Eschen, vor allem Fichten, Douglasien *(Pseudotsuga)*, Kiefern und junge Bäume.
Bekämpfung: Schwierig. Es helfen nur Paraffinöl-Spritzmittel (»Promanal«), Pflanzen-Paral-Spritzmittel. Sehr zu empfehlen ist eine vorbeugende Blattdüngung mit Koniferen-Balsam, der eine vitalisierende Wirkung hat.

Schildläuse

An Zweigen und Blättern sitzende Läuse, die sich unter ovalen oder napfförmigen Schilden verbergen.
Bekämpfung: Nur ölhaltige Austriebsspritzmittel, Weiß- oder Sommeröle sind wirksam, da diese Schädlinge unter ihrem Schild gut geschützt sind. Bewährt hat sich auch das Paraffinöl-Spritzmittel »Promanal«, das ebenfalls gegen Rote Spinne und andere Spinnmilben (Wintereier) hilft.

Sitkafichten-Läuse

Sie sind schmutzig-grün gefärbt und hinterlassen an den Nadeln gelbliche Saugstellen. Ab Juni vergilben die Nadeln vor allem an älteren Trieben.
Besonders gefährdet: Blaufichte; seltener die Rotfichte und die Serbische Fichte.
Bekämpfung: Vorbeugend durch Ausbringen von Neudo-Vital, Schonung von natürlichen »Blattlausvertilgern« wie Marienkäfer und ihre Larven, die Maden von Schwebfliegen und

Ohrwürmer. Spritzen mit Schmierseifenbrühe. Bei starkem Befall: Vor dem Austrieb mit Austriebsmitteln wie Promanal spritzen, dieses Präparat enthält Paraffinöl ohne insektizide Zusätze. Auch Compo-Insektenmittel geeignet.

Spinnmilben, Rote Spinne

Sie hinterlassen kleine weiße Flecken und Gespinste unter den Blättern. Die Rote Spinne (kleine rote Milben) sitzt an den Blattunterseiten. Die Blätter verdorren und fallen ab.

Der Nadelfall bei Kiefern und anderen Koniferen kann verschiedene Ursachen haben.

Gegen den Weymouthkiefernblasenrost gibt es kein Mittel – die Pflanzen gehen meist zugrunde.

Bekämpfung: Spritzen mit Neudosan, Spruzit-flüssig, Spruzit-Spray oder Spruzit-Staub. Unbedingt Blattunterseiten gründlich besprühen oder bestäuben. Auch Winter- und Austriebsspritzung mit Promanol hilft genauso wie Compo-Insektenvernichter. Vorbeugend mit Brennessel- oder Schachtelhalmbrühe spritzen.

Dickmaulrüßler

Der gefürchtete Dickmaulrüßler hinterläßt ab Juni deutliche Spuren. Vor allem Rhododendronblätter werden U-förmig ausgefressen. Da hilft nur: die Käfer absammeln. Da sie nur nachts auftreten, muß man sie mit Hilfe einer Taschenlampe aufspüren (Mai–Juni).
Die 12 mm langen, braunköpfigen Larven, die an Wurzeln fressen, können sehr wirksam durch das Ausbringen parasitärer Nematoden bekämpft werden. Die Nematoden werden einfach in einer wässrigen Lösung über den Wurzelbereich der befallenen Pflanzen gegossen. Die Anwendung ist jedoch nur von Mai bis September sinnvoll, wenn sich tatsächlich Dickmaulrüßler-Larven im Boden befinden und die Bodentemperatur über + 13°C liegt. Man kann auch den Wurzelbereich freilegen und diesen wiederholt mit Rainfarntee begießen.

97

Raupen

Gelegentlich treten Raupen des Frostspanners, der Gespinst-motte, des Traubenwicklers und andere auf.

Bekämpfung: Spritzen mit »Neu-dorff's Raupenspritzmittel«. Dieses Spritzpulver aus *Bacillus thuringiensis* ist ungefährlich für Bienen und andere Nütz-linge. Zeigen sich Raupen oder werden Fraßstellen sichtbar, einfach die Pflanzen gründlich besprühen.

Krankheiten

Echter Mehltau

Vor allem Rosen leiden unter Echtem Mehltau. Dabei sind Stempel, Knospen und Blätter mit einem weißen Belag über-zogen. Triebe und Knospen trocknen ein, Blätter fallen ab.

Bekämpfung: Befallene Triebe herausschneiden, ab Juni 2–3 mal im Abstand von 3 Wochen mit Bioblatt-Mehltaumittel, mit Schatelhalmbrühe (Netzschwe-felit zusetzen) oder Compo-Rosenschutz spritzen. Außer-dem abgefallene Blätter auf-sammeln und vernichten, bei Trockenheit gießen, im Herbst und im Frühjahr den Boden vorbeugend mit Schachtelhalm-brühe begießen.

Weymouthkiefernblasenrost

Befallen werden Weymouthkie-fer *(Pinus strobus)*, Zierbelkiefer *(Pinus cembra)* und andere fünfnadelige Kiefern. Dabei bil-den sich auf Stämmen und Ästen blasenartige Anschwel-lungen, die aufplatzen und ein gelbes Pulver hinterlassen.

Bekämpfung: Direkt nicht mög-lich, befallene Pflanzen sind meist nicht zu retten. Vorbeu-gend sollten keine Schwarzen Johannisbeeren in die Nähe von Kiefern gepflanzt werden.

Nadelfall bei Koniferen

Im August verfärben sich ältere Nadeln und fallen ab. Das pas-siert meist im Inneren der Nadelgehölze und stellt einen ganz natürlichen Vorgang dar: das Lebensalter der Nadeln ist begrenzt und auch noch unter-schiedlich, je nach Koniferenart. Der stärkste »Reinigungsprozeß« findet bei Kiefern statt. Manche Gehölze werden dabei ziemlich kahl, treiben aber im nächsten Jahr wieder aus. Lebensbäume und Scheinzypressen bilden sogar im selben Jahr noch neue Triebe. Man hat festgestellt, daß unsere Koniferen alle 3–5 Jahre ihre Nadeln völlig auswechseln. Ein besonders starkes Auftreten des Nadelfalls ist auf starke Regenfälle oder lange Trocken-heitsperioden zurückzuführen und auch auf Pilzkrankheiten und Schädlingsbefall. Dabei fin-det man an der Unterseite schwarze oder rötliche Sporen-lager. Bei einigen Pilzarten blei-ben die Nadeln an den Zweigen, bei anderen fallen sie ab (»Kie-fernschütte«).

Bekämpfung: Nadeln vom Boden auflesen und in die Abfalltonne werfen.

Mehltaupilze machen auch vor Clematis nicht halt. Sie befallen Blätter und Blüten.

Register

Ableger 95
Absenker 94
Acer japonicum 24
– *negundo*-Veredlungen 24
– *palmatum* 26, 28
Actinidia arguta 30, 66
Alpenbeere 41
Amelanchier laevis 54
Ausläufer 95
Bartblume 13
Baumwürger 30, 67
Berberis 28, 32
Berberitze 32
Bergrebe 67
Betula 44, 45
Birke 44
Blau-Zeder 49
Blauglockenblume 46
Blauraute 15
Blauregen 23, 71
Blut-Johannisbeere 57
Blutberberitze 28
Blütenmispel 55
Blutpflaume 29, 46
Bodenvorbereitung 82
Buchsbaum 32
Buddleia davidii-Hybriden 12, 16
Buxus sempervirens 32
Callicarpa bodinieri 33
Calluna vulgaris 12, 25
Calycanthus floridus 16
Campsis radicans 66
Caryopteris 13
Catalpa bignonioides 8, 45
Ceanothus 13
Cedrus atlantica 'Glauca' 49
Celastrus orbiculatus 30, 67
Chamaecyparis obtusa 42
Clematis 67
Cornus alba 24, 35, 55
Corylopsis pauciflora 16
Corylus maxima 'Purpurea' 28
Cotinus coggygria 29
Crataegus 8
Cypressus obtusa 62
– *montana* 67
– *pisifera* 'Tilifera Nana' 62
– *tangutica* 68
Cytisus 17
Daphne mezereum 18
Deutzia 55
Douglasie 49
Duft-Schneeball 23
Düngung 86
Eberesche 48
Edel-Ginster 17

Edelflieder 22, 58
Efeu 52, 68
Eibe 31
Erica carnea-Hybriden 13
Eschenahorn 24
Essigbaum 31
Euonymus europaeus 34
Fächerahorn, Roter 28
Fächerblattbaum 30
Fächerwacholder 53
Fadenzypresse 62
Felsenbirne 54
Feuer-Geißschlinge 70
Fingerstrauch 15, 53, 57
Forsythia 55
Fruchtmispel 55
Gartenjasmin 21, 57
Gaultheria procumbens 52
Geißblatt 69
Geißklee 17
Genista 52
Gewürzstrauch 16
Ginkgo 30
Ginster 17, 52
Glyzine 23, 71
Gnomenfichte 63
Gold-Waldrebe 68
Goldglöckchen 55
Goldregen 8, 19
Hamamelis 14, 18
Hänge-Buddleie 12, 66
Hängebirke 45
Hecken 72, 74
Heckenkirsche 52, 56
Heckenschnitt 75
Hedera helix 52, 68
Heidekraut 12, 13, 25
Hemlocktanne 43
Hibiskus 14
Hippophae rhamnoides 30
Holunder 21, 41
Hortensie 34
Hydrangea 34, 35, 68
Igel-Fichte 63
Ilex aquifolium 30, 35
Japanische Azaleen 38
Japanischer Goldahorn 24
Jasminum nudiflorum 14, 69
Jelängerjelieber 19
Juniperus squamata 62
Kätzchen-Weide 47
Kerria japonica 56, 56
Klettergehölze 64
Kletterhortensie 35, 68
Kolkwitzia amabilis 56
Kolkwitzie 56

Kornelkirsche 33, 55
Krankheiten 96
Kriech-Kiefer 53, 63
Kriechspindel 24
Kugel-Kiefer 63
Kugelakazie 46
Laburnum anagyroides 8, 19
Lärche 49
Larix decidua 49
Liebesperlenstrauch 33
Lonicera 19, 52, 56, 69, 70
Lorbeerkirsche 36
Magnolia 9, 19
Magnolie 9, 19
Mahonie 20
Malus 10, 20, 29, 45
Microbiota decussata 53
Muschelzypresse 42, 62
Nadelgehölze 53, 75, 84
Nothofagus antarctica 46
Omorika-Fichte 49
Paeonia-suffruticosa-Hybriden 21
Parthenocissus 71
Paulownia tomentosa 46
Pernettya mucronata 31
Perovskia abrotanoides 15
Perückenstrauch 29
Pfaffenhütchen 34
Pfennigbuche 46
Pfingstrose 21
Pflanzung 82
Philadelphus 21, 57
Picea abies 'Echiniformis' 63
– 'Pygmaea' 63
– *omorika* 49
Pieris floribunda 21
Pinus mugo pumilio 53
Polygonum aubertii 71
Potentilla 15
Potentilla-fruticosa-Sorten 53, 57
Prunus autumnalis 15
– *cerasifera* 29, 46
– *aurocerasus* 36
– × *blirena* 29
Pseudotsuga menziesii 49
Purpur-Hasel 28
Ranunkelstrauch 36, 59
Raupen 98
Rhododendron repens-Hybriden 37
– *wardii*-Hybriden 37
– *williamsianum*-Hybriden 37
Rhododendron-Hybriden 36
Rhus typhina 31
Ribes alpinum 41
– *sanguineum* 57
Robinia 46

Robinia
– *pseudoacacia* 46
Säckelblume 13
Salix 47
– *caprea* 'Pendula' 47
– 'Sekka' 47
Sambucus nigra 21, 41
Sanddorn 30
Schädlinge 96
Schattenglöckchen 21, 24
Scheinakazie 46
Scheinbeere 52
Scheinhasel 16
Schlingknöterich 71
Schlitzahorn 28
Schmetterlingsstrauch 12, 16
Schmierläuse 96
Schneeball 15, 23, 42, 59
Schneebeere 41
Schneeheide 13
Schnitt 88, 89, 91
Seidelbast 18
Skimmia japonica 31
Skimmie 31
Sommerstecklinge 93
Sorbus aucuparia 48
Spierstrauch 58
Spiraea 58
Stechpalme 30, 35
Steckhölzer 92
Symphoricarpos 41
Syringa vulgaris-
Veredelungen 58
Taxus baccata 31
Torfmyrte 31
Trompetenbaum 8, 45
Trompetenblume 66
Tsuga canadensis 43
Tulpenmagnolie 9
Verjüngung 77, 91
Viburnum 15, 23, 42, 59
Vogelbeerbaum 48
Wacholder 62
Weide 47
Weigelia 59
Weigelie 15, 59
Weißdorn 8
Wilder Wein 71
Winterjasmin 14, 69
Wisteria sinensis 23, 71
Wurzelstecklinge 94
Zaubernuß 14, 18
Zierapfel 10, 20, 29, 45
Zierkirsche 11, 15
Zierpflaume 29
Zwerg-Spiere 53